Friedrich Heinrich Wilhelm Martini

Des Herrn Geoffroy

Kurze Abhandlung von den Conchylien, welche um Paris sowohl auf dem Lande, als

in süssen Wassern gefunden werden

Friedrich Heinrich Wilhelm Martini

Des Herrn Geoffroy
Kurze Abhandlung von den Conchylien, welche um Paris sowohl auf dem Lande, als in süssen Wassern gefunden werden

ISBN/EAN: 9783742890245

Hergestellt in Europa, USA, Kanada, Australien, Japan

Cover: Foto ©ninafisch / pixelio.de

Manufactured and distributed by brebook publishing software (www.brebook.com)

Friedrich Heinrich Wilhelm Martini

Des Herrn Geoffroy

Des
Herrn Geoffroy
D. und Prof. der Arzney Wissenschaft in Paris

kurze
Abhandlung
von den
Conchylien
welche
um Paris
sowohl auf dem Lande, als in süßen Wassern
gefunden werden.

Aus dem Französischen übersezt und mit einigen
erläuternden Zusätzen vermehrt
durch
Fried. Heinr. Wilh. Martini
der Arzneygelahrtheit Doktor und Praktikus in Berlin.

In minimis maxima Sapientia.

Nürnberg,
bey Gabriel Nicolaus Raspe.
1767.

Dem

Wohlgebohrnen

Hocherfahrnen

und

Hochgelahrten Herrn

Herrn

B. Feldmann

Der Arzneygelahrtheit Doktor
und
Physikus in Ruppin

Seinem Verehrungswürdigen Freunde
widmet dieses
als

ein Denkmal
seiner wahresten Hochachtung

der Uebersetzer.

Verehrungswürdiger Freund!

Nie werde ich Gelegenheit genug finden, Denenselben meine aufrichtige Dankbegierde ganz zu zeigen. Mit desto lebhaftern Vergnügen mache ich mir jeden einzelnen Vorfall zu Nutze, wobey ich Denenselben einen Theil meiner Hochachtung und Ergebenheit beweisen kann. Der unermüdete Fleiß, womit Dieselben die Märkischen Erdschnecken und Conchylien der süßen Wasser zu sammlen bemüht waren, ist ein sicheres Merkmal der vorzüglichen Aufmerksamkeit, deren

ren **Sie** diese seltsamen Geschöpfe würdig gefunden, und die rühmliche Bereitwilligkeit,
mit welcher **Sie** mich an diesen mühsam ge-
sammleten Reichthümern so wohl, als an denen
damit angestellten Beobachtungen Theil nehmen
ließen, erfordert mehr wesentliche Erkenntlich-
keit, als ich abzutragen vermögend bin. Da
ich Denenselben nichts wichtiges vor **Dero**
großmüthige Güte anzubiethen habe; so theile
ich wenigstens mit **Ew. Wohlgebohrnen** zu-
erst die Freude, welche nachstehende Abhandlung des jüngern Herrn Geoffroy in mir erregt
hat. Ich war so glüklich, sie gleich nach vol-
lendeten Abdrucke von Paris zu erhalten, und
Dieselben werden am wenigsten daran zwei-
feln, daß ich beym Durchlesen außerordentlich
viel Genugthuung empfunden habe, weil ich
hier auf wenig Bogen so viel Licht in einer Sache erhielt, auf deren Untersuchung ich schon
viel Zeit und anhaltende Bemühungen verwen-
det. Mein erster Nebengedanke war, wie sehr
Ew. Wohlgebohrnen sich freuen würden, endlich ein System von Erd= und Flußconchylien zu
sehen, welches für eifrige Naturforscher alle ge-
wünschte Vorzüge besizt.

Der

Zueignung

Der durch unterschiedene physikalische Werke sehr rühmlich bekannte Herr Verfasser hat in seinem ganz neüen System die wesentlichen Kennzeichen der Geschlechter von den Bewohnern selbst hergenommen. Die Anzal und Form der Fühlhörner, der Sitz der Augen, die Deckel, die Beschaffenheit der Saugerüßel und der Charniere oder Schlößer an den Muscheln, sind die wesentlichen Theile, nach deren Verschiedenheit er alle Geschlechter, ohne ihre Anzal zu häufen, bestimmt hat. Die Form der Schaalen hat ihm nur selten eine Gelegenheit zu einigen Unterabtheilungen geben können. Es ist nicht möglich, ein richtigeres Conchylien System zu finden, als das, was der vortrefliche Adanson von den Sennegallischen und nun Herr Geoffroy von den Parifer Conchylien geliefert haben. Die Bewohner der Schneckengehäuße und Muschelschaalen geben uns unstreitig die richtigsten Merkmale ihrer unterschiedenen Geschlechter an die Hand. Wenn es für die meisten Gelehrten schwer oder für einige gar unmöglich ist, bey den Conchylien des Meeres eigne Beobachtungen anzustellen; so ist es doch unendlich viel leichter und eben so angenehm als nützlich, die

Be=

Bewohner der Conchylien die sich auf der Erde und in süßen Wassern jedes Landes aufhalten, in allen ihren Veränderungen und in ihrer wundervollen Lebensart so zu beobachten, wie es der Herr *D.* Lister in Engelland, der Herr *D.* Schlotterbeck in der Schweitz und ein Ungenannter in Sachsen gethan. Die Zeit, die man der nähern Betrachtung dieser Thiere aufopfert, ist auf keine Weise verschwendet. Nur muß man, um das Merkwürdige in ihrer Lebensart zu entdecken, sich die Mühe nicht dauren laßen, sie auf dem Lande und im Wasser selbst aufzusuchen, die Beschaffenheit ihres Aufenthaltes und ihre Nahrung zu erforschen und, wenn man sie mit Bequemlichkeit näher untersuchen will, ihnen in eignen Behältnißen einen ähnlichen Aufenthalt und die gewöhnliche Nahrung zu verschaffen. Durch diese an sich reizende Bemühungen und durch einige Aufmerksamkeit sezt man sich in den Stand, die Aehnlichkeiten dieser Gewürme zu finden und von der Gründlichkeit eines Systems, wie das gegenwärtige, sich selbst zu überzeügen.

Die

Die Neüigkeit der Methode ist nicht der einzige Vorzug, der diese gelehrte Abhandlung empfehlen kann. Die Anführung der besten Schriftsteller bey jeder Gattung von Conchylien, die Deütlichkeit in den Beschreibungen und vor allen Dingen die beträchtliche Anzal seltner und noch nirgends beschriebner Erdschnecken, müßen derselben in den Augen aller Kenner und Liebhaber nothwendig einen vorzüglichen Werth ertheilen. Die durchsichtige Schnecke, la Transparente S. 43. die Sammtschnecke, Veloutée S. 48. der kleine gewölbte Bund, Ruban convexe S. 50. das Haferkorn, Grain d'Avoine S. 53. das große Bienenkörbchen, le grand Barillet S. 56. die Nadel, l'aiguillette S. 58. das linksgedrehte Bienenkörbchen, l'Anti-Barillet S. 63. die rauhe und die ziegelförmig geschuppte Tellerschnecke, Planorbe veloulé & tuilé S. 86. 87. der Federbuschträger, le Porte-Plumet S. 102. --- lauter merkwürdige Stücke, deren Beschreibung wir dem aufmerksamen Verfaßer dieser Abhandlung allein zu danken haben, und deren nähere Kenntniß den Naturforschern unstreitig zum wahresten Vergnügen gereichen muß!

Die

Die eigenthümlichen Vorzüge dieser nützlichen Abhandlung, der Mangel eines ähnlichen Werkes in unsrer Landessprache, die Schwierigkeit, das Original von Paris zu erhalten und der ansehnliche Preiß, wovor es bezahlt werden muß, haben mich gereizt, die Urschrift unter unsern Landsleuten bekannter und für diejenigen, welche bloße Liebhaber sind, durch erläuternde Zusätze noch brauchbarer zu machen. Ich habe mir Mühe gegeben, die Schriften, welche in Frankreich vielleicht selten gelesen werden und vom Herrn Verfaßer übergangen worden, zum Vortheil der deütschen Leser an gehörigen Orte mit anzuzeigen, einige gebräuchliche Kunstwörter kurz zu erklären und in einem besondern Zusatz die Methoden zu erzählen, nach welchen jeder Schriftsteller, der von Erd- und Flußconchylien gehandelt, dieselben geordnet und beschrieben hat. Die im Berlinischen Magazin befindlichen Abhandlungen von diesem Theil der Naturgeschichte habe ich aus der Absicht mit berührt, weil die Liebhaber in denselben von einigen Gattungen der Schnecken und Muscheln ausführlichere Nachrichten lesen können.

A 5
Es

Zueignung

Es ist ausgemacht, daß sich unter den Lieb= habern natürlicher Seltenheiten allemal einige finden, welche ihre Sammlungen hauptsächlich als eine angenehme Ergötzung der Augen be= trachten, und denen an den Conchylien nichts reizend vorkömmt, als eine schön geflekte Schaa= le. Von dieser Seite allein betrachtet, scheint die Conchyliologie ein sehr magerer Theil der Naturgeschichte und das Wohlgefallen an der= selben eine sehr vergängliche Freude zu seyn. Die Vergnügungen der Sinne sind schon ihrer Natur nach ungemein veränderlich und flüchtig, woferne sie die Kräfte des Verstandes nicht zu= gleich in Bewegung setzen. Der Anblick der prächtigsten Conchyliensammlung wird in kur= zen ermüdend, wenn der Eigenthümer weiter nichts dabey denken kann, als daß sie schön und kostbar ist. Die genauere Kenntniß der Be= wohner, die Merkwürdigkeiten ihrer einfachen Lebensart, das Sonderbare im Bau ihres wei= chen Körpers oder in der Art sich zu nähren und zu vermehren; kurz: die Naturgeschichte der Thiere selbst ist es, die den Verstand angenehm beschäftigt, wenn sich indeßen die Augen an ih= ren

ren künstlich gedrehten und zum Theil sehr prächtig gemalten Wohnungen belustigen. Die über die Merkwürdigkeiten der Bewohner und über die künstliche Bauart ihrer Gehäuße angestellte Betrachtungen steigen nach und nach bis zu einer freudenvollen Verwunderung und geben den Ergötzungen der Augen mehr Dauer, mehr Anmuth und mehr Wirklichkeit.

So sehr indeßen der untersuchende Naturforscher auf die Beschaffenheit der Bewohner selbst zu sehen hat, so unmöglich ist es dennoch in einem Conchyliencabinet etwas mehr als die Schaalen und höchstens einige einzelne Deckel aufzubehalten. Es ist daher sehr natürlich, auf die Frage zu verfallen: ob ein nach der Unterschiedlichkeit der Thiere verfertigtes System zur Anordnung ihrer Gehäuße in einem Conchyliencabinet seyn könne? Ohnstreitig treten Sie, mein verehrter Freund, und vielleicht treten auch einige andere große Naturforscher nebst allen Conchyliensammlern mit mir auf die verneinende Seite. Die Systeme des Herrn Adanson

Adanson und Herrn Geoffroy sind ein wahrer
Schatz der Gelehrsamkeit und sehr rühmliche
Früchte der mühsamsten Untersuchungen. So
lange die Rede bloß von einer gründlichen Er=
kenntniß der Conchylien ist, als von einer beson=
dern Klaße des Thierreichs, oder von denen
Verhältnißen und Aehnlichkeiten, die sie unter
einander haben und von der Ordnung, die aus
der mehrern oder wenigern Aehnlichkeit unter
den Geschlechtern derselben entsteht, so lange
sind diese beyde angezeigte die brauchbarste und
lehrreicheste Systeme. Wenn aber unser Ver=
stand, nach Anleitung solcher Systeme, die Be=
wohner in der Ordnung ihrer Geschlechter über=
sehen hat, und wir nun in den ansehnlichern
und dauerhaftern Gehäußen derselben, eine
angenehme Belustigung für unsre Augen auf=
behalten wollen; so scheint es mir der Natur ge=
mäßer zu seyn, daß man sich ein besonderes Sy=
stem wähle, welches die ähnlichsten Figuren der
Gehäuße am nächsten zusammen bringet und die
Ordnungen und Geschlechter nach den sichtbar=
sten Kennzeichen der Schaalen selbst bestimmet.
Dies ist die Ursache, die mich bewogen hat, die=
ser

ſer Ueberſetzung eine Tabelle beyzufügen, nach welcher man die Gehäuße und Schaalen aller ſo wohl hier, als im Berliniſchen Magazin beſchriebnen Conchylien in einem Cabinet am bequemſten ordnen und aufbehalten kann.

Da wir, außer dem höchſt raren lateiniſchen Traktat des Herrn *D.* Liſter von den engelländiſchen Conchylien, kein einziges beſonderes Werk von den Erd- und Flußconchylien aufzuweiſen haben, ſchien es mir deſto weniger gewagt zu ſeyn, wenn ich unſern deütſchen Conchylien Liebhabern die Ueberſetzung eines Syſtems lieferte, welches bis hieher das einzige in ſeiner Art iſt, und wegen der beygefügten Tabelle zu gleicher Zeit als ein Syſtem für die Bewohner und für die Gehäuße betrachtet werden kann. Die mühſame Arbeit, deren wir uns einſt ſelbſt zu unterziehen gedachten, iſt nun durch den Herrn Geoffroy auf die vortheilhafteſte Art vollbracht worden. Ich lege die Früchte ſeiner mühſamen Beobachtungen unſern Landesleüten mit theilnehmender Freüde vor Augen, und
ſchätze

ſchäße mich glüklich , Ew. Wohlgebohrnen bey dieſer Gelegenheit öffentlich geſtehen zu kön= nen, wie unſchäßbar mir Dero großmüthige Freundſchaft iſt , und mit wie viel zärtlicher Hochachtung ich zeit Lebens ſeyn werde

Ew. Wohlgebohrnen

gehorſamſt ergebner
Freund und Diener
D. M.

Vorbericht
des Verfassers.

Da ich vor einigen Jahren die Geschichte der Insekten, welche um Paris gefunden werden, a) herausgab, war ich gesonnen, diese Arbeit fortzusetzen und dem Publiko auch die Geschichte der Würmer mitzutheilen. Die Klaße der Würmer grenzt sehr nahe an die Klaße der Inselten, und verdient darum eine desto genauere Aufmerksamkeit, je gewißer es ist, daß sie vielleicht noch am wenigsten untersucht worden. Ich hatte bereits viel seltsame hieher gehörige Beobachtungen gesammlet. Ich hofte, dieselben vermehren, die fehlerhaften berichtigen, die Versuche mit einigen, die mir noch nicht deutlich genug vorkamen, wiederholen, und wo nicht ein vollständiges Werk, doch

B   wenig-

---

a) *Histoire abregée des Insectes*, qui se trouvent aux environs de Paris; dans laquelle ces animaux sont rangés suivant un ordre methodique. à Paris. II Vol. 4to. 1762. 22 Planches.

    v. *Bibl. des Scienc.* 1763. T. XIX. 2 Part. p. 437.

    Comment. Lipf. Vol. XI. p. 612.

wenigstens den Versuch einer Geschichte von den
Würmern herausgeben zu können. Allein je mehr
ich Untersuchungen anstellte, desto mehr häuften
sich die Schwierigkeiten. Jedes Geschlecht von
Würmern, fast möchte ich sagen, jede Gattung
derselben biethet uns einen ganz neuen Gegenstand
an, welcher für sich allein schon viel mehr Mühe
erfordert, als ganze Klaßen großer Thiere. Die
größte Anzal der Würmer ist fast noch gänzlich un-
bekannt. Selbst diejenigen, die wir in uns beher-
bergen, und die im menschlichen Körper leben, sind
den Naturforschern noch nicht vollkommen bekannt
geworden. Der Kopf und die ganze Bildung des
Band-oder Plattwurms b) gehören in der
Natur noch unter die unentschiednen Aufgaben;
und, ohnerachtet der schönen und wichtigen Entdeckungen des berühmten Herrn **Tremblay,**
wißen wir noch immer nicht genug zuverläßiges
von den **Polypen,** diesen sonderbaren Arten
von Würmern, welche so wenig von den Eigenschaften des Thierreichs an sich haben. Man ist
noch ungewiß, ob jeder Polype ein einziges Thier,
oder ein bloßes Behältniß sey, welches eine ganze
Familie von Polypen in sich enthält?

Obgleich diese Schwierigkeiten leicht fähig gewesen wären, mich abzuschrecken; so würde ich
mich doch bemüht haben, meinen Vorsatz wenigstens

---

b) Solitaire Ruban. Taenia Linn. S. Nat. Ed. X. p. 819.
n. 311.

stens zum Theil auszuführen, wenn mich nicht ernsthaftere uud wichtigere Geschäfte davon abge= halten hätten. Bey der Unmöglichkeit, diese Ar= beit fortzusetzen, glaubte ich die Sorge für die Ausführung eines Entwurfs, woran ich gehindert worden, und welcher einen der schweresten Theile in der Geschichte der Thiere ausmacht, denjenigen Naturforschern überlaßen zu müßen, welche mehr Zeit darauf verwenden können. Ich habe mich damit begnüget, die wenigen Beobachtungen in Ordnung zu bringen, die ich von den Schnecken= und Muschelthieren gesammlet hatte.

· Diese Familie ist in der Klaße der Würmer am zahlreichesten, aber darum nicht weniger merk= würdig. Sie hat uns viel sonderbares anzubie= then, was man bey den übrigen Klaßen der Thie= re nicht entdecket: sie war aber bishero noch nicht in eine so methodische Ordnung gebracht worden, welche uns die Erkenntniß derselben hätte erleich= tern können. Daher glaubte ich nichts überflüßi= ges zu wagen, wenn ich diese kleine Abhand= lung von denen um Paris befindlichen Conchylien bekannt machte. Wenn künftig ein Naturforscher diese angefangene Beobachtun= gen von den Conchylien vermehren, und ihnen noch die Geschichte anderer Thiere, die zur Klaße der Würmer gehören, beyfügen wollte; so würde dadurch den Freunden der Naturgeschichte ein wichtiger Dienst geleistet werden.

Er=

Erklärung

ber in dieser Abhandlung angeführten abgefürzten
Nahmen der Schriftsteller und Schriften.*)

* *Acta Helv.* *Acta Helvetica* phyſico-mathematico-bo-
tanico-medica. fig. aeneis illuſtrata. Baſil. 1762. &c.
4to. praeſertim.
Vol. V. D. *Schlotterbeccii* obſ. phyſ. de Cochleis qui-
busdam & turbinibus. p. 275. c. fig.

Acta Upſ. 1736. Linnaei animalia Sueciae in Aſtibus
Upſalienſibus Anni 1736. 4to.

Adanſ. Hiſtoire naturelle du Senegal. Coquillages. par
Mr. Adanſon. à Paris 1757. in 4to. avec fig.

Aldrov. Ulyſſis Aldrovandi Libri IV. de Exſanguibus.
Bonon. 1642. fol. c. fig.

Argenv. Conchyl. l'Hiſtoire naturelle eclaircie dans une
de ſes parties; la Conchyliologie Prem. Partie.

—— *Zoomorph.* La Zoomorphoſe. Seconde Partie. par
Mr. d'Argenville. à Paris 1757. petit in fol. avec fig.

* Berl. Mag. Berliniſches Magazin, oder geſammlete
Schriften und Nachrichten für die Liebhaber der Arzney-
wißenſchaft, Naturgeſchichte ıc. II—IV Band. 1766. 67.

be-

besonders die beyden Abhandlungen von den Erdschnecken im II und III Band, und von den Conchylien der süß-
sen Waßer im IVten Band.

Bonan. Recreat. *Bonani* Recreatio mentis & oculi. Ro-
mae 1684. fol. c. fig.

—— *Muf. Kirch.* *Bonani* Museum Kircherianum. ibid.
1709. fol. c. fig.

Column. Purp. *Fabii Columnae*, Lyncaei Opusculum de
Purpura. Kiliae 1675. 4to. c. fig.

Dale Pharm. Sam. *Dalei* Pharmacologia. Lugd. Bat.
1739.

Denso Beytr. J. Dan. Denso monatliche Beyträge zur
Naturkunde. Berlin. 1752. ꝛc. 8vo.

Frisch Inf. Jo, Leonh. Frisch Beschreibung von Insekten
in Deütschland. Berlin. 1720. 4to. mit Kupf.

Gefner Aquat. Conradi *Gefneri* Historia animalium, de
Piscibus & Aquatilibus. Francof. 1620. fol. c. fig.

Geve. Nicol. G. Geve monatliche Beluſtigungen im Rei-
che der Natur, an Conchylien und Seegewächsen. Mit
illuminirten Kupfern. Hamb. 1755. gr. 4to. deütsch und
französ.

Haſſelquiſts Reise nach Paläſtina. Roſtock. 1767. 8.

Hanow Selt. Hanows Seltenheiten der Natur und Oeko-
nomie. Leipz. 1753. 3 Bände 8vo. mit Kupf.

Klein Iac. Theod. *Kleinii* Tentamen methodi Oftracolo-
gicae &c. Lugd. Bat. 1753. 4to. c. fig.

Leßer. Fr. Chr. Leßers Testaceotheologie. mit Kupfern.
2te Auflage. Leipz. 1756. 8vo.

Linn. Faun. Car. *Linnaei* Fauna Suecica. Stockholmiae.
1746. 8vo. & Lugd. Bat. 1746. c. fig.

Linn. Muf. R. V. Car. à *Linné* Museum Reginae Sue-
corum Ludovicae Ulricae, continens Animalia rariora
exotica, imprimis Infecta & Conchylia. Holmiae.
1764. 8vo maj.

B 3

Linn

Linn. S. N.   C. *Linnaei* Syst. Naturae. Editio Xa. refor-
mata. Holmiae. 1758. & Halae 1760. 8. maj.

✱ — Oel. R.   C. von Linne Reisen durch Oeland und Goth-
land mit Kupfern. Halle 1764. gr. 8vo.

✱ — Westg. R.   Desselben Reisen durch Westgothland. mit
Kupf. Halle. 1765. gr. 8vo.

Lister. Angl.   Mart. *Listeri* Historiae Animalium Angliae
tres Tractatus. Londini. 1678. 4to. cum fig.

✱ — *Angl. App.*   Mart. *Listeri* Appendicis ad Historiae
animalium Angliae tres Tractatus. Ed. auct. & emen-
data. Londini 1685. 8vo. c. fig.

— *Exerc. anat. 2da.*   Mart. *Listeri* Exercitatio anatomi-
ca de Cochleis. Londini 1694. 8vo.

— *Hist. Conch.*   Mart. Listeri Historiae Conchyliorum
Libri IV. Londini. 1685. &c. fol.

Merret Pin.   Christ. *Merret* Pinax rerum naturalium
Britannicarum. Londini 1667. 8vo.

✱ N. gef. Erz.   Neue gesellschaftliche Erzählungen. I — IV.
Band. Leipz. 1758. mit K. 8vo.

✱ Oek. phys. Abh.   Oekonomisch physikalische Abhandlungen
VIII Theil. Leipz. 1755. 8vo.

Petiv. Muf.   Iacobi *Petiverii* Centuriae Musei Petiveriani.
Londini 1695. 8vo.

✱ *Rappolt.*   des Hrn. Prof. Rappolts in Preußen, Beschreibung Preußischer Schnecken, die ihre Jungen auf dem
Rücken ausbrüten. Königsberg 1738. gr. 4to.

Swamm. Bib. d. Nat.   Joh. Swammerdamm Bibel der
Natur, mit Herm. Boerhavens Vorrede. Leipz. 1752. fol.
mit Kupfern.

Tulp. Obf.   Nicolai *Tulpii* Observationes medicae. Amstel.
1641. 8vo.

Kurze

Kurze Abhandlung

von denen um Paris befindlichen

Erdschnecken und Conchylien

der süßen Waßer.

Einleitung.

Die ganze Welt kennet unter dem Nahmen der Conchylien diejenigen harten und gleichsam steinartigen Gehäuße, welche eine Art weicher Thiere, ohne Knochen, ohne Abtheilungen oder sichtbare Gelenke in sich faßen; und von den Naturforschern in die Klaße der Würmer versetzt werden. Diese Schaalengehäuße sind nicht alle von einerley Gestalt. Einige bestehen

B 4
aus

aus einem einzigen Stück, welches gemeiniglich Schneckenförmig gewunden ist. Man nennet diese einschaalichte Schneckengehäuße. (Testacea univalvia.) Andere sind aus zwey Stücken oder Flügeln (valvaebettans) zusammengesetzt, deren einer genau auf den andern paßet, und die in ihrer Aushöhlung das Thier enthalten. Dieses sind die zweyschaalichten Gehäuße. (Testacea bivalvia.) Endlich giebt es noch andere, die aus mehrern Stücken bestehen, und den Nahmen der vielschaalichten Gehäuße (Testacea multivalvia) erhalten haben. Alle Arten von Conchylien sind unter diesen drey Abtheilungen begriffen; doch haben einige Naturkundige aus denen Deckelschnecken eine vierte Abtheilung machen wollen.

Die letzte Art ist deswegen so genennt worden, weil ihre Mündung c) durch einen kleinen Deckel d) ver-

c) Die Mündung ist diejenige Oefnung des untersten Gewindes, durch welche die Schnecken aus ihrem Gehäuße hervorkriechen. Berl. Mag. II. p. 342. §. 46. os. apertura. la bouche. ouverture.

d) Operculum, opercule, s. *Ibid.* §. 48. p. 343. Anm. Diejenigen Schnecken, deren Deckel zu allen Zeiten, nach Gutbefinden des Bewohners zur Verschließung des Gehäußes gebraucht werden können, sind die eigentlichen Deckelschnecken. Ihr Deckel ist gemeiniglich an der

verschloßen wird, auf welchem sich viele concentri=
sche Ringe zeigen, und der bald Hornartig ist, bald
aus eben der Substanz besteht, woraus die Schaale
selbst gebildet ist. Da nun eine solche Platte den
Nahmen eines Deckels erhalten, so hat man gut
gefunden, die damit bedeckten Schaalen Deckel=
schnecken zu nennen.

Diese Schneckengehäuße sind zwar einschaalicht,
sie scheinen aber durch dieses kleine Plättchen, wel=
ches gleichsam eine zwote Schaale vorstellet, sich
der Klaße der zweyschaalichten zu nähern. Ueber=
haupt giebt es einige Geschlechter, bey welchen die=
ser Deckel genau mit der Hauptschaale verbunden ist;
und hierinn kommen sie mit den zweyschaalichten über=
ein, deren beyde Flügel durch Gelenke und Bänder
aneinander bebestigt sind.

Unter

der Fußsohle so angewachsen, daß ihn das Thier, wenn
es in seine Wohnung zurücke kriecht, vest an die Mün=
dung anziehen und sich völlig einschließen kann. Man
nennt nur im uneigentlichen Verstand auch diejenigen
Thiere Deckelschnecken, welche gegen den Winter aus
ihrem Speichel einen kalkartigen Deckel bilden, um vor
der strengen Kälte geschützet zu seyn; Die ihn aber im
Frühjahr, als einen unnützen Theil, selbst wieder ab=
stoßen und den ganzen Sommer hindurch ohne Deckel
leben; wie die Weinbergsschnecke No. 1.

Unter diesen Conchylien sind einige die bloß auf dem Lande, und andere die bloß im Waßer leben. Das Meer bereichert uns mit Conchylien aus allen angezeigten unterschiedenen Klaßen. Unter den Erdschnecken sind keine andere, als einschaalichte, niemals aber zwey- oder vielschaalichte gefunden worden. Es giebt unter ihnen nur einige Deckelschnecken. Die Conchylien der süßen Waßer, wovon wir hier allein zu reden haben, liefern uns zweyschaalichte und einschaalichte, so wohl einfache, als bedeckte Gehäuße; doch hat man bis hieher in den süßen Waßern noch keine Entdeckung von vielschaalichten machen können. Wir theilen daher die Conchylien, die um Paris gefunden werden, in zween Hauptabschnitte. Der erste wird die einschaalichten, der zweete die zweyschaalichten in sich begreifen.

Erster

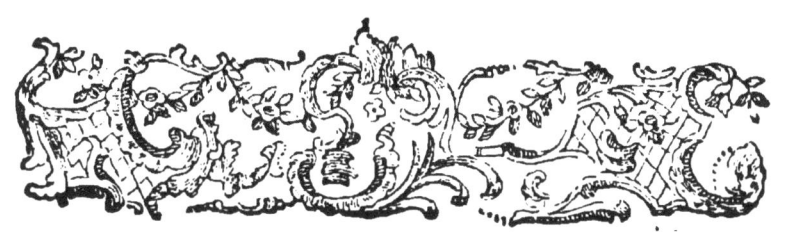

Erster Abschnitt
von
einschaalichten
Schnecken Gehäußen.

Die einschaalichten Conchylien bestehen, wie wir kurz vorher gesagt haben, nur aus einem Stück: allein
im Bau sind sie von einander merk-
lich unterschieden.   Bey einigen ist dieses Stück
eine bloße Platte, welche innwendig vertieft und
oben erhaben ist.   Unter der Aushöhlung derselben
ist das Thier verborgen.   Man sieht dieses z. B. an
der Convexen Schnecke oder Schlüßelmuschel
(Ancylus) welche gar keine Windungen hat.   Bey
andern, und diese machen die gröste Anzal aus,
bildet die Schaale einen Kegelförmigen Canal, welcher sich in einer Schneckenlinie um eine Spindel e)
herum-

e) Die Spindel, *Axis*, *Axe*, ist gleichsam die Mittelste
Säule einer Wendeltreppe.   Sie läuft von der untern
Seite

herumwindet. f) Der engeste Theil macht die klein-
sten Windungen des Mittelpunktes aus, g) welche,
je mehr sie sich vom Mittelpunkt entfernen, immer
weiter oder größer werden, und am breiten Ende die
Oefnung oder Mündung des Gehäußes bilden.

Unter diesen gewundnen Schaalen sind einige,
deren Windungen sich concentrisch umeinander
herum drehen und eine Art eines platten Tellers
vor-

Seite oder von der Mündung der Schnecken bis nach dem
obern spitzigen Theil immer enger zu und ist gemeiniglich
an ihrem Anfange hohl.

f) Die äußere regelmäßige Krümmungen der Schaalen, die
durch die verborgnen Windungen des Thieres um sich selbst
entstehen und sich in ihren Verhältnißen genau nach den
Krümmungen des Bewohners richten, werden die Gewinde, Spirae, Convolutiones, Claviculae, Helices,
Gyri, Orbes, les Spires genennt. Sie drehen sich gemeiniglich von der Linken nach der Rechten; und die wenigen, welche eine gegenseitige Richtung annehmen, sind so
seltsam, daß man sie darum die Einzigen oder Linksschnecken (les Uniques, sine pari) zu nennen pflegt. s. Berl.
Mag. II. p. 339. §. 42—44.

g) Der Oberste engere Theil der gewundenen Schnecken und
die oberste Erhöhung der Convexen Schnecken oder Schüs-
selmuscheln, heißt ihr Wirbel (verlex, le Sammet) oder
ihre Spitze; l'oeil de la volute. Sie verbirgt gemeiniglich den äußersten Theil des Thieres. Die entgegenge-
setzte breite Seite ist die *Vasis* oder die Grundfläche der
Schnecken; und ihre engern Gewinde zusammen genommen,
werden von einigen der Zopf genennt.

vorstellen, ohne, daß man an der Schaale eine Spitze oder Gipfel entdeckte, wie man an den Teller-
förmigen Schnecken (Planorbes) sehen kann. Bey
andern drehen sich die Gewinde in eine Krümmung,
die von unten schreg in die Höhe läuft, wodurch die
Schaale eine kugelförmige Gestallt bekommt, die
sich in einen bald spitzigern bald stumpfern Wirbel
endigt. Diese Figur ist unter den einschaalichten
Schneckengehäußen sehr gemein. Endlich ist ein
solcher gewundener Kegel bald mehr, bald weniger
verlängert, welches denen Schnecken unterschiedene
Gestellten giebt. Nach diesen mannigfaltigen Bil-
dungen der Schnecken, besonders der Mündungen
des Gehäußes, haben die meisten Naturforscher die
Conchylien geordnet. h) Wir halten auch dieses
Mittel für desto bequemer, je leichter es ist, die Gehäuße aufzubehalten und die Verhältniße der Aehnlichkeit in ihrer Bildung zu untersuchen. Indeßen
könnten die Bewohner dieser Gehäuße doch viel sich-
rere Kennzeichen oder Merkmale abgeben, weil die
letztern eigentlich nur als die Kleidung und Wohnung des Thieres zu betrachten ist, und weil Schaalen, die dem Scheine nach sehr unterschieden sind,
Thiere von vollkommen einerley Geschlecht in sich
verschließen können; wie man hernach aus Beyspie-
len

---

h) Die Methode des Herrn von Argenville in seiner Conchyliologie ist fast ganz allein auf die Figur der Conchylien und auf die Beschaffenheit ihrer Mündungen gegründet.

len ſehen wird. i) Allein die Schwierigkeit, Thiere,
welche im Waßer, und gröſtentheils in der See le‐
ben, genau zu unterſuchen, hat es bisher verhindert,
daß man die Kennzeichen der Conchylien nicht von
den Thieren, die ſie enthalten, hernehmen konnte.
Herr Adanſon iſt der erſte, der dieſe Schwie‐
rigkeit, die den Naturforſchern unüberſteiglich ſchien,
glück‐

i) Beſonders bey dem Geſchlecht der Tellerſchnecken (Pla‐
norbes) und der Neriten. Bey dem erſten finden wir,
unter andern plattgewundnen, auch ein Schraubenförmi‐
ges Gehäuße mit langen Zopf (Planorbe en vis, Turbo)
und eine Kugelförmige Schnecke. (Globoſa, Tonne.)
Das Geſchlecht der Neriten begreift, außer der gewöhn‐
lichen Flußnerite mit halbmondförmiger Mündung, zu‐
gleich Mondſchnecken (Cochleas lunares) und Spitzhör‐
ner (Buccina) mit unter ſich. Ein bloßer Sammler wür‐
de viel Bedenklichkeiten finden, dieſe ſo unterſchieden gebil‐
dete Stücke unter einerley Geſchlechtsnahmen zuſammen
zu legen. Allein man hat eine Methode für den Ver‐
ſtand, und eine andere für die Sinnen, beſonders für
die Augen. Mit der erſten beſchäftigt ſich der gelehrte
Naturforſcher, mit der andern halten es die Liebhaber na‐
türlicher Seltenheiten. Es iſt nützlich, ja es iſt höchſt an‐
genehm, die von den Bewohnern hergenommenen weſent‐
lichen Merkmale der Geſchlechter zu wißen: allein was
würde man, ohne die Bewohner der Conchylien zu kennen,
von einem mühſam geordneten Cabinet ſagen, in welchem
man die unähnlichſten Gehäuße nebeneinander, ein Poſt‐
horn neben der Bauchſchnecke oder ein Spitzhorn neben ei‐
ner Schwimmſchnecke liegen ſähe? Herr Adanſon und
Herr Geoffroy haben ſich um die gründlichere Kenntnis
der Schnecken und Muſcheltiere höchſt verdient gemacht;
allein ihre Methode iſt mehr zum nützlichen Unterricht,
als zur guten Anordnung eines Conchylien Cabinet be‐
quem, in welchen man von den Bewohnern der Schaalen
gar nichts, und von den Deckeln der Schnecken nur ſehr
ſelten etwas zu ſehen bekommt.

glücklich überwunden hat. Dieses berühmte Mit-
glied der königlichen Akademie hat uns in seiner
Naturgeschichte von Senegal so wohl die Abbildungen, als Kennzeichen aller derjenigen Conchylien
geliefert, die in diesem Lande auf der Erde, im Meer
und in den süßen Waßern gefunden werden. Diese
unermeßliche Arbeit verbreitet ein neues Licht über
diesen wichtigen Theil des Thierreichs.

Nach dem Vorbild dieses gelehrten Verfaßers
habe ich gegenwärtige viel eingeschränktere Arbeit
übernommen; die einzige, welche die Geschäfte, die
mich an Paris binden, verstatten wollten. Ich habe mich bemüht die wenigen Erd- und Flußschnecken
und Muscheln die um Paris gefunden werden, durch
Charaktere, die von den Thieren selbst genommen
worden, in eine methodische Ordnung zu bringen.
Diese Thiere bestehen aus nicht mehr, als 46 Gattungen, k) die mir zu Gesichte gekommen sind.
Ich

k) Also dennoch aus ungleich mehrern Gattungen, als Lister in Engelland, ein ungenannter in Sachsen; (Oek.
Phys. Abh. VIII Th.) D. Richter um Franck. an der
Oder und D. Schlotterbeck um Basel zubeobachten Gelegenheit gefunden.

Im Berl. Mag. II—IV B. haben wir überhaupt 115 Erd-
und Flußconchylien beschrieben, worunter 24 Gattungen
Märkischer Erdschnecken und 27 Flußschnecken und Muscheln aus den hiesigen Gewäßern befindlich, die als ein-
heimische alle mit einem (*) bezeichnet werden.

Ich habe sie unter VII Geschlechter gebracht, und die V ersten machen den ersten Abschnitt von den einschaalichten Erd - und Flußschnecken aus.

Möchte doch dieser Versuch die jungen Gelehrten, die um Paris Pflanzen zu suchen pflegen, aufmuntern, ihn durch neue Beobachtungen vollkommner zu machen!

Die Schnecken dieses ersten Abschnittes gehören zu folgenden V Geschlechtern:

I.
Schnecken.
Die Garten = und Weinbergsschnecken rc.
Cochlea.　Limax.　Limas.

Charakter.
Sie haben 4 Fühlhörner. Die 2 größten tragen oben in kleinen Knöpfchen die Augen.

Die einzelne Schaale ist in einen Schneckengang gewunden.

II.
Das Spitzhorn.　Die Trompetenschnecke.
Buccinum.　　　Buccin.

Charakter.
Zwey platte ohrenförmige Fühlhörner;
Die Augen an der innern Seite des Ursprungs der Fühlhörner.

Eine einfache, kegelförmig gewundene Schaale.

III.
Die Tellerschnecke.　Posthörnchen.
Planorbis.　　　le Planorbe.

Cha=

Charakter.

2 Fadenförmige Fühlhörner.

Die Augen sitzen unten, an der innwendigen Seite derselben.

Die einfache Schaale ist gewunden und gemeiniglich platt.

IV.

Neriten.   Schwimmschnecken.

Neritae.   Nerites.

Charakter.

Sie haben 2 Fühlhörner.

Die Augen haben sie unten an der äußern Seite derselben.

Sie sind mit einem Deckel versehen.

Die Schaale ist gewunden und fast kegelförmig.

V.

Patelle.   Die Convexe Schnecke.

Schüßel = oder Napfmuschel.

Ancylus.   Ancile.

Charakter.

2 Fühlhörner

Die Augen innwendig am Ursprung der Fühlhörner.

Die Schaale ist hohl und glatt.

C   Anzeige

Anzeige

der

bekanntesten Methoden,

die Erdschnecken und Conchylien der süßen
Waßer einzutheilen.

Die wenigsten Conchyliologisten haben sich mit Beschreibung und Eintheilung dieser Conchylien
besonders abgegeben.   Die meisten haben dieselben
im Vorbeygehen nur einzeln angeführt und sie keiner
vorzüglichen Aufmerksamkeit gewürdigt.   Denen
Liebhabern dieser allerdings merkwürdigen Geschöpfe
wird es nicht unangenehm seyn, hier einen Zusatz von
den bekanntesten Methoden zu lesen, nach welchen einige alte und neue Schriftsteller diese zur Klaße der
Würmer gehörigen Thiere, nach dem Unterschied
ihrer Gehäuße einzutheilen vor gut gefunden.

I. Rob. Sibbald a) theilt die Conchylien überhaupt in 3 Klaßen und nimmt den Grund dieser Eintheilung von dem Ort ihres Aufenthaltes, weil alle
Conchylien entweder auf dem Lande, oder in süßen
Waßern oder im Meere gefunden werden; Seine erste
Klaße machen die Erdschnecken aus, deren Bewohner er zu den Insekten rechnet, die keine Füße haben.
Er nennt sie alle gewundene Schnecken (Cochleae
terreſtres

a) Rob. *Sibbaldi Scotia illuſtrata* ſ. Prodromus Hiſt. natura-
lis Scotiae. Edimb. 1684. fol. Opus XX. annorum.

terreſtres turbinatae.) Die Conchylien der ſüßen Waßer bringt er unter drey Geſchlechter. Das erſte enthält die einſchaalichten gewundnen, die er Buccina; Das andere die zweyſchaalichten, die er Muſculos, Muſcheln; Das dritte die einſchaalich= ten ungewundnen, die er Schüßelmuſcheln oder Patellas nennt. Die Unzulänglichkeit dieſer Methode leuchtet beſonders dadurch in die Augen, weil er die Erdſchnecken als ein einziges Geſchlecht unter dem allgemeinen Titel der gewundenen Schnecken be= ſchreibt, und unter den Flußconchylien, nicht mehr als 3 Geſchlechter unterſcheidet.

II. Martin Liſter, ein berühmter Arzt in Lon= don, der ſich mit Unterſuchung und Beſchreibung der Engliſchen Erdſchnecken und Conchylien der ſüßen Waßer viel Mühe gemacht, und außer ſeinem gro= ßen und prächtigen Conchylien Werke b) noch einen beſondern Traktat von den Engliſchen Erd= und Flußconchylien, c) mit einem Anhange d) heraus=

C 2

b) Martin *Liſteri Hiſtoriae Conchyliorum* Libri IV. Londini 1685. fol. c. figg. aeneis Optimis (ab Anna et Suſanna filiis ſculptis, deſcriptionibus fere nullis.)

c) Ejusd. *Hiſtoriae Animalium Angliae tres Traſtatus* de Araneis, de *Cochleis* tum terreſtribus tum fluviatilibus et marinis. Ibid. 1678. 4to. c. figg.

d) Ejusd. *Appendicis* ad Hiſt. Animalium Angliae tres Tra- ſtatus. Ed. alt. Lond. 1685. 8vo. c. figg.

herausgegeben, ist meines Wißens der erste, der die
Geschichte derselben mit einiger Ausführlichkeit abge-
handelt hat.   Er theilt die Erdschnecken

Claff. I. (In Bedeckte)
in testaceas

    Ordo I. von kurzer Figur
deren Mündung
mit einem Deckel
verschloßen wird
der

        Gen. I. entweder gegen den
Winter nur aus dem
Speichel des Thieres
gebildet wird. *Coch-
lea* operculo e Sali-
vâ confecto.

        Gen. II. oder mit der Schaale
von gleicher Substanz
ist. *Cochlea* opercu-
lo testaceo donata.

    Ord. II. von langer Figur
Spitzhörner. *Buc-
cina.*   Deren Ge-
winde

        Gen. III. entw. von der rechten
nach der linken,

        Gen. IV. oder von der Linken
gegen die Rechte ge-
dreht sind.

    Ord. III. von plattgewundener oder
    Gen. V. niedergedrückter Figur.
Cochleae compressae.

Claff. II. In nackende
in nudas,
Limaces di-
ctas.

Die

Die Conchylien der süßen Waſſer ſind,

Claſſ. I. entweder Gewunden Turbinata.

Ord. I. von ſtarker Schaale
und einem Deckel von
gleicher Subſtanz.

Ord. II. oder von dünner
Schaale, die durch-
ſichtig und immer of-
fen iſt.   Ihre Win-
dungen ſind

entw. von der Rechten
nach der Linken.

oder von der Linken nach
der Rechten gedreht.

Ord. III. von plattgewundner
Schaale und mit Pur-
purſaft verſehen. Coc-
cum fundentes.

Claſſ. II. oder zweyſchaalicht.
Muſcheln. *Muſculi.*

Claſſ. III. oder einſchaalicht ohne Windungen, wie
die Napfmuſchel.
Patella.

In der Hiſtorie der Conchylien, wo der
Herr Verfaßer nebſt den Engliſchen auch ſehr viel
ausländiſche Erd-und Flußſchnecken in ſaubern Kupfern vorſtellet, ſetzt er dem Abſchnitt von den Erdſchnecken nachſtehende Tabelle vor:

Die Erdschnecken sind etweder

Spitzhörner, mit verlängerter Schaa=
Buccina. le, und ihre Windungen
laufen

entweder von der
Linken zur Rechten
und sind

entw. glatt, und
die Mündung

entw. mit Zähnen
versehen,

oder ohne Zähne.

oder gestreift.

oder von der Rech=
ten nach der Linken.
Ihre Mündung ist

entw. gezähnelt

oder ohne Zähne.

oder Schneckenförmig und dichter
zusammen gewunden.

oder platt gedrückt.
Ihre Mündung ist

entw. glatt ohne Zähne
und der Rand des
Mundes

entw. scharf

oder nicht.

oder gezahnt.

entw. rechts

oder links ge=
wunden.

Der 1te Theil der Flußschnecken enthält die ein=
schaalichte. Der 1 Abschnitt die *Buccina fluviatilia,*
worunter die Schrauben = oder Pfriemen = und
Bauchschnecken mit begriffen sind. Der 2te Ab=
schnitt,

schnitt, die Flußschnecken, worunter sich wieder einige Tonnen (globosae) befanden; Der 3te Abschnitt die Flachen, niedergedrückten Flußschnecken, falsche Ammonshörner und Flußneriten. Im 2ten Theil findet man die zweyschaalichten Conchylien

```
        ┌ 1.). Die Muscheln     ┌ entw. mit plat-
        │     Musculos.         │ ten
        │                       │
        ┤                       │ oder gezahnten
        │                       └ Charnier.
        │ 2.) Die Kammmuscheln.
        └     Pectines.
```

Ob gleich diese Eintheilungen noch viele Unvollkommenheiten an sich haben, und öfters von sehr zufälligen Sachen, z. E. von den Streifen einer Schaale, hergenommen sind; so muß man doch gestehen, daß sie zu Listers Zeiten allerdings die beste gewesen.

III. Herr Dezalier von Argenville, der unter den neuern noch am weitläuftigsten von den Erd- und Flußconchylien handelt, e) hat sie nach dem Verhältniß der Aehnlichkeit ihrer Gehäuße noch in die beste Ordnung gebracht. Er theilt die Erdschnecken überhaupt in lebendige und todte oder versteinerte. Aus den lebendigen macht er, wie Lister, zwo Klaßen: Die Klaße der Bedeckten

C 4 und

---

e) l'Histoire Naturelle éclaircie dans une de ses principales parties, la *Conchyliologie*, augmentée de la *Zoomorphose*. Nouv. Edit. à Paris, 1757. gr. 4to. avec figg. très belles.

und der nackenden Schnecken (Animalia viventia vel tecta vel nuda.) Die Bedeckten bringt er unter 5 Geschlechter: 1.) Napfmuscheln Patellae, Lepades. 2.) ganz- und halbrunde oder plattmündige Schnecken. Cochleae lunares, semilunares, et ore depresso. 3.) Spitzhörner. Buccina. 4.) Schrauben- oder Nadelschnecken. Turbines. 5.) Tonnen- oder Bauchschnecken; globosae alatae. In der zwoten Klaße beschreibt er 6 Gattungen nackender Schnecken.

Die Conchylien der süßen Waßer bestehen wieder aus 2 Klaßen. Nemlich aus ein- und zwei-schaalichten Gehäußen. Die 8 Familien der ersten Klaße sind:

1.) Die Napfmuschel. Patella.
2.) Die länglicht und plattgewundnen Flußschnecken. Limax.
3.) Die halbmondförmige Schnecken, Fischmäuler. Neritae.
4.) Der kleine Kräußel. Trachilus.
5.) Die Schrauben. Turbines.
6.) Die Spizhörner. Buccina.
7.) Die Tonnen. Bauchschnecken. Globosae.
8.) Tellerschnecken. St. Huberts- oder Ammonshörner. Planorbes, Cornua Hammonis.

In der zwoten Klaße führt er 3 Geschlechter an.

1.) Die Breitmuschel. Chama.
2.) Die Keilmuschel. Mytulus.
3.) Die Kammmuschel. Pecten.

IV. *Nic. Gualtieri*, f) der eine ansehnliche Menge von Erd- und Flußconchylien abgebildet und beschrieben hat, führt im ersten Theil lauter Testas exotha-

exothalassias an. Die erste Klaße enthält in zween Abschnitten:

α) Die gemeine platte, genabelte Erdschnecken, Cochleas terrestres vulg. umbilicatas depressas.

β) Die Erdschnecken mit verlängerter Spitze, Cochleas mucrone elongato i. Turbines terrestres.

Die zwote Klaße begreift die Flußschnecken und Muscheln in sich. Sie sind

entw. einschaalicht

ungewunden. — Patellae. Schüßelmuscheln.

gewunden. Tellerschnecken, Neriten, Spitz - und Schraubhörner.

oder zweyschaalicht. Conchae. Musculi.

Eine abermals sehr unvollkommne Eintheilung!

f) Index testarum conchyliorum, quae adservantur in Musaeo Nic. *Gualtieri* et methodice distributae exhibentur Tabulis CX. Florent. 1742. fol. maj.

V. Ein ungenannter g) macht von den Sächsischen Conchylien, die er auf dem Lande und in süßen Waßern beobachtet, nachstehende Eintheilung:

Die Erdschnecken sind

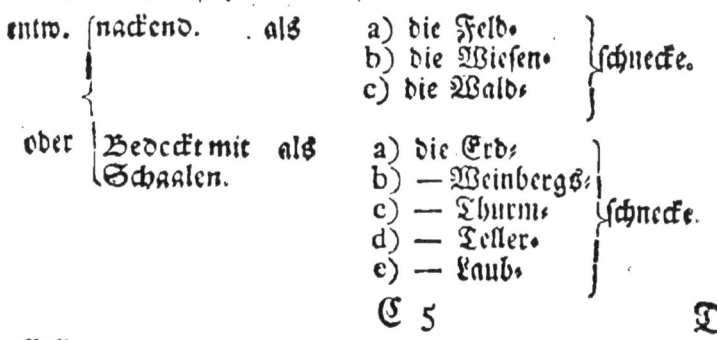

entw. nackend. als
a) die Feld-
b) die Wiesen-
c) die Wald-
}schnecke.

oder Bedeckt mit als
Schaalen.
a) die Erd-
b) — Weinbergs-
c) — Thurm-
d) — Teller-
e) — Laub-
}schnecke.

C 5   Die

g) Oekon. Physik. Abh. VIII Theil, Leipz. 1755. 8vo. p. 769. bis 860.

Von den Flußschnecken erwähnt er bloß der

α) Teich-
β) Fluß-
γ) Deckel-   } schnecke, ohne der Muscheln zu
δ) Teller-   gedenken.
ε) Schwimm-

Die Beschreibung einer jeden dieser Schnecken und ihres Bewohners ist sehr ausführlich; dennoch wird man bey einigen noch in großer Ungewißheit bleiben, wenn man sie nicht schon vorhero gekennt hat; weil von keiner eine Abbildung, oder eine Anzeige gegeben worden, wo man eine Zeichnung davon nachschlagen könnte.

VI. Der verstorbene Herr Prof. von Bergen h) macht des Herrn D. Richters Sammlung von Schnecken und Muscheln, die um und in der Oder gefunden worden, in folgender Ordnung bekannt:

(A) Schnecken.

1.) Die ganz kleine Garbenschnecke. Sie ist nicht größer, als ein Mohnkorn, meist unter dem Saamen der Gartengarbe.

2.) Die bunten Hain- oder Haselschnecken, deren sich hier unterschiedene Arten finden, als

a) Die rothe. ist selten.
b) Die gelbe. ist sehr zart.
c) Die Buntgestreifte.
d) Die Marmorirte.
e) Die mit einem schwarzen Band umwundne.
f) Die gelbe mit 3 oder 4 Banden.

Man trift diese Schnecken nur im Aprill unter Hasel- und Erlensträuchern an, beym ersten Gras

h) Car. à *Bergen* Claſſes Conchyliorum. Norimb. 1760. 4to. p. 131.

Gras und Blumen, daher sie auch Blumen-schnecken heißen. Hernach verliehren sie sich in der Erde.

3) Die kleine plattgedrückte Pfublschnecke.
4) Die Ammonshörner.
5) Die Posthörner.
6) Die gedrehte Dietenschnecken.
7) Die große Gartenschnecke.

(B) Muscheln.

1) Die ganz kleine Kammmuscheln (sind vielleicht die klei-nen Breitmuscheln, die ich um Frankfurth häufig gefunden.)
2) Das Hütchen. Ist nur am Möden-See. (Patella.)
3) Die Molde, in eben diesem See. (Die kleine Teich-muschel.)
4) Die sehr dünnschaalichte Ohrmuschel. (Auricula stagnorum. *Klein.*)
5) Die schwarze dickschaalichte Ohrmuschel. (Corvus. Auric. stagnorum nitide atra. *Klein.*)
6) Die Kieß- oder Sandmuschel. (Musculus fluvia-tilis.
In diesen Muscheln ist zuweilen eine Perle.
7) Die große Pfublmuschel von hochglänzenden Far-ben, allhier im Laubansgraben, öfters einen halben Fuß lang.

Aus der Nachricht No. VI. kann man sehen, wie sorgloß man gemeiniglich mit Benennung und Anordnung der Erd- und Flußconchylien verfährt; unter welchen unbestimmten und oft ganz falschen Nahmen man sie aufbehält, und wie verwirrt die Känntniße seyn müßen, die sich mancher fleißige Sammler von seinen angehäuften Schätzen zu erwer-ben gesucht? Unter den Titel A Schnecken sollen

hier

hier eigentlich alle Arten von Erdschnecken; unter dem Titel B Muscheln aber so wohl die einschaalich= ten Flußschnecken, als die zweyschaalichten Muscheln verstanden werden.

VII. Der Herr D. Schlotterbeck i) hat sich bemüht die Schweizerischen Erd= und Flußschnecken, ohne Rücksicht auf die Flußmuscheln in folgender Ord= nung bekannt zu machen:

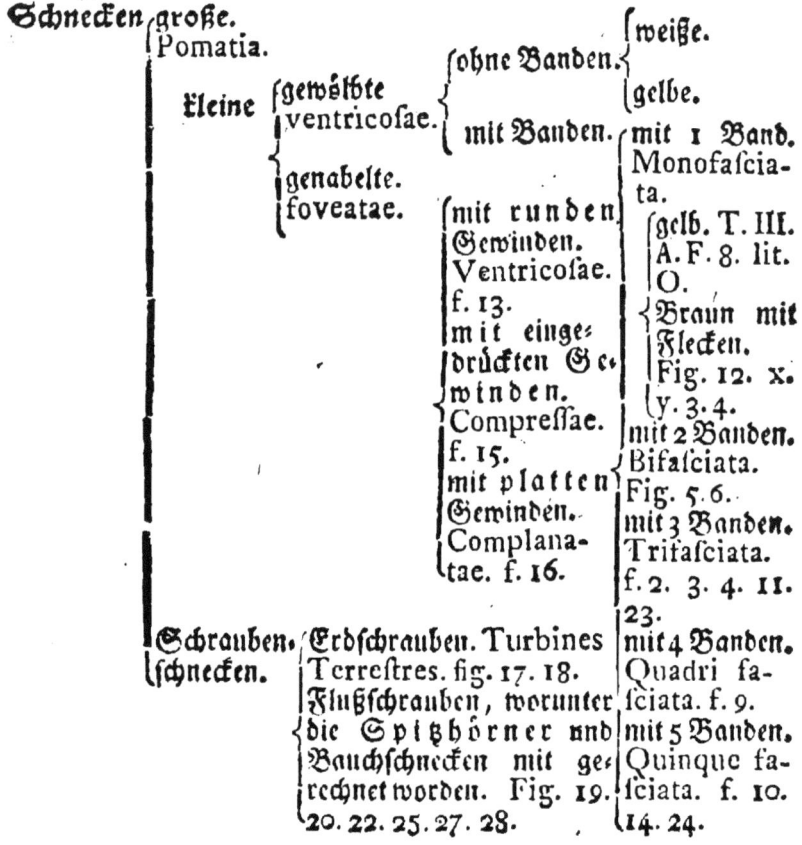

Schnecken {
  große. Pomatia.
  kleine {
    gewölbte ventricosae. {
      ohne Banden. { weiße. gelbe.
      mit Banden. {
        mit 1 Band. Monofasciata.
        { gelb. T. III. A. F. 8. lit. O.
          Braun mit Flecken. Fig. 12. x. y. 3. 4.
        mit 2 Banden. Bifasciata. Fig. 5. 6.
        mit 3 Banden. Trifasciata. f. 2. 3. 4. 11. 23.
        mit 4 Banden. Quadri fasciata. f. 9.
        mit 5 Banden. Quinque fasciata. f. 10. 14. 24.
      }
    }
    genabelte. foveatae. {
      mit runden Gewinden. Ventricosae. f. 13.
      mit einge= drückten Ge= winden. Compressae. f. 15.
      mit platten Gewinden. Complana= tae. f. 16.
    }
  }
  Schrauben= schnecken. {
    Erdschrauben. Turbines Terrestres. fig. 17. 18.
    Flußschrauben, worunter die Spitzhörner und Bauchschnecken mit ge= rechnet worden. Fig. 19. 20. 22. 25. 27. 28.
  }
}

Diese

i) Acta Helvetica &c. Vol. 5. Basil. 1762. 4to. c. figg.

Diese Tabelle von den Geschlechtern, Gattungen und Abänderungen der Erd= und Flußconchylien, mischt wieder zu viel Geschlechter untereinander und läßt dagegen einige sehr bekannte Geschlechter ganz unberühret.

VIII. Die Ordnung die wir in Beschreibung der Erd= und Flußconchylien gewählt, kommt mit der Argenvillischen Methode am meisten überein.

S. Berl. Magaz. II — IV. Band. Berl. 1765 = 67. m. K.

Lebendige Erd= schnecken	mit Gehäußen. Deren Gewinde sich	entw. gewölbt um einer Spindel herum dreben. Cochleae lunares. —	ohne Nabel. No. I — VIII. mit einem Nabel= loch. No. IX — X.	integrae. umbilicatae
		oder platt über= einander gewunden sind. Cochleae depres= sae. Platte Schnecken	ohne Na= bel	mit Zähnen No. XIX. ohne Zäh= ne.
			mit einem Nabelloch. No. XI — XIII.	
		oder um sich selbst ge= dreht wor= den. Planorbes. Tellerschnecken	mit scharfen Cornua Am= Rand der monis. Mündung. No. XIV. XVI.	
			mit runder gesäumter Mündung.	Serpentuli. Proboscides. Elephantis. No. XV.
		oder lang u. spitzig ge= wunden	unten weit mit eyför= miger Mündung. — Buc= cina. XXV. XXVII.	XVII. XVIII.
			oder an der Mün= dung enge. — und Schrau= benförmig —	Turbines. XXVIII. XXIX.
oder ohne Ge= häuße Limaces.	oder Kugel= förmig	benförmig Globosae. XLI—XLIV.		

Die

Die Eintheilung der Conchylien der süßen Waßer, wornach ich sie in der zum IVten Band des Magazins fertig liegenden Handschrift beschrieben, ist aus der am Ende hier beygefügten Tabelle zu ersehen, welche ich für diejenigen Liebhaber aufgesetzt habe, die zwar die Geschlechtscharakteren der Bewohner mit Vergnügen lesen, ihre Conchylien aber vielleicht lieber nach denen allemal sichtbaren Aehnlichkeiten der Schaalen ordnen und aufbehalten werden.

IX. Der berühmte Herr Verfaßer der gegenwärtigen Abhandlung hat, in Ansehung der Methode für den Verstand, mehr als alle seine Vorgänger geleistet. Er hat den gelehrten Herrn Adanson zu seinem Muster gewählt, die Unterscheidungszeichen der Geschlechter gröstentheils von den sichtbarsten Haupttheilen der Bewohner und nur einzelne Merkmale von der Figur ihrer Gehäuße genommen. Die Anzal und Gestallt der Fühlhörner, machen, nebst der Lage der Augen und den Deckeln der Gehäuße, die vornehmsten Merkmale aus, wornach er die Geschlechter der Erd= und Flußschnecken bestimmt. Bey den Muscheln wird besonders auf die Beschaffenheit des Saugerüßels der Thiere und des Schloßes der Schaalen gesehen. Man weis, daß die Erdschnecken alle 4 Fühlhörner haben und daß die beyden längsten oben in einem Knöpfchen die Augen des Thieres tragen und
gleich=

gleichsam wie bewegliche Seheröhre zu betrachten sind. An den Flußschnecken bemerkt man gewöhnlich nicht mehr als zwey Fühlstangen, die in Ansehung ihrer Figur bald platt und Ohrförmig, bald rund, dünne und Fadenförmig gestaltet sind. Die Augen sitzen bey den Flußschnecken gemeiniglich unten am Ursprung ihrer Fühlhörner; bey einigen an der innern, bey andern, an der äußern Seite derselben. Der Saugrüßel der Muschelthiere ist bey einigen glatt und lang, bey andern kurz und mit Franzen besetzt. Das Schloß, wodurch beyde Schaalen zusammen gehalten und bald geöfnet, bald verschloßen werden, ist entweder glatt und mit häutigen Bändern befestigt, oder mit starken Zähnen versehen, die in eine gegenseitige Vertiefung eingreifen. Dies sind alle Unterscheidungskennzeichen der Geschlechter. Die Gattungen werden zum Theil nach der unterschiedenen Form der Gehäuße und Schaalen bestimmt. Man kann zur genauern Kenntnis der Conchylien keine zuverläßigere, einfachere und beßere Methode, als diese wählen.

I. Klaße.

I. Klaße.
Erstes Geschlecht.
Von den Schnecken überhaupt.

Erdschnecken.
Cochlea.   Le Limas.

Charakter.

4 Fühlhörner. Die zwey längsten tragen die Augen oben in ihrem Knöpfchen.

Die Schaale ist einfach und gewunden.

Familien.

1.) Schnecken mit rundlichen Schaalen.

2.) — mit verlängerter Schaale. *)

Die Schnecken machen das zahlreicheste Geschlecht aus, welches wir unter den Conchylien dieses Landes haben

---

*) Unter denen Schnecken mit 4 Fühlhörnern werden lauter Erdschnecken verstanden. Die erste Familie mit rundgewundenen Schaalen begreift so wohl die genabelten als ungenabelten, auch einige plattrund gewundne Erdschnecken; Die zwote Familie aber, mit langgedrehten Schaalen hauptsächlich die sogenannten Erdschrauben, Turbines terrestres, unter sich, die entweder von der Linken nach der Rechten, oder von der Rechten nach der Linken gewunden sind. Die Turbines sind also hier mit unter dem Geschlechtsnahmen Cochlea enthalten.

ben kennen lernen. Zu diesem Geschlecht gehören alle die unterschiedenen Gattungen, die man in den Gärten, Weinbergen und Feldern antrift und die unter dem Nah=men der Schnecken (Limaçons) bekannt sind. Alle diese Thiere sind Erdschnecken. Sie kriechen auf der Erde oder an den Pflanzen; eine einzige Gattung aus= genommen, welche wir das Amphibium oder die beyd= lebige Schnecke genennt haben, (No. XXII.) weil sie sich so wohl auf dem Lande, als im Waßer aufzuhal= ten pflegt.

Die Thiere, welche in diesen Schaalen leben, sind von eben dem Geschlecht, als die nackenden Erdschne= cken (Limaces) die sich in Gärten und Kellern (auch auf Bergen, im Wald, auf dem Felde und auf Wiesen) aufhalten. Jene so wohl als diese haben 4 Fühlhörner, zwey kurze und zwey längere. 1) Am äußern oder obern Ende der letztern befinden sich zwey runde Knöpfchen, die in ihrer Mitte ein braunes oder schwarzes Fleckchen haben, welches die Augen m) dieser Thiere vorstellet. Der einzige Unterschied der bedeckten und kahlen oder nacken= den Schnecken (Limas et Limaces) ist, daß die er= stern eine Schneckenförmig gewundne Schaale haben, worein sie sich völlig einziehen und aus welcher sie den vor=

D   dern

---

1) Berl. Mag. II. B. p. 284. §. 2 und 4. Antennae, Cornicu-
la. les Cornes, Tentacules. Fühlstangen.

m) Ibid. p. 285. §. 3. 4. Les yeux des Limaçons. Oculi.

dern und untern Theil ihres Körpers ganz hervorstrecken, die sie auch mit sich wegtragen können, wenn sie fortkrie= chen wollen. Die unbedeckten Schnecken hingegen sind ganz nackend und haben äußerlich keine Schaale. n) Man entdeckt zwar, wenn man sie aufschneidet, innwen= dig gegen ihren Kopf zu, ein längliches kleines zartes oder dünnes und plattes Beinchen von eben der Sub= stanz, als die Schaalen anderer Schnecken; o) allein es ist nicht zu eben dem Gebrauch bestimmt, und von außen nicht sichtbar.

Alle Schnecken sind Zwitterthiere, alle haben beyde Geschlechtstheile, welche an der rechten Seite des Halses zu sehen sind, besonders an dem Theile, der aus der Schaale hervorragt, wenn die Schnecke auskriecht, um sich fort zu bewegen. Ob aber gleich diese Thiere beyder=

n) An statt des Gehäußes tragen sie auf ihren Rücken ein an= sehnliches Schild, (Palliolum, Scutum, Casaquin, Manteau, Coqueluchon, Corßlet) oder, nach dem Swammerdam, ein länglichtes Dach, worunter sie ih= ren Kopf und ganzen Leib verbergen kann. In der Mitte dieses Schildes entdeckt man

o) Das Schneckensteinchen, Brust=oder Rückenbein, (La= pillus, Offelet) welches Lister nur bey einigen Arten nackender Schnecken, bey der schwarzen Waldschnecke aber (B. M. III. p. 341.) nicht finden können. Einige haben an deßen Stelle einen kreidenartigen Sand, der sich zwischen den Fingern zerreiben läßt. Einige glauben, daß dieses Beinchen denen Muskeln dieses weichen Thieres zu einem vesten Wirkungspunkt dienen könne.

beyderley Geſchlechtstheile haben; ſo können ſie ſich doch nicht
allein fortpflanzen. Es paaren ſich allemal zwo Schnecken miteinander; nur daß alle beyde wechſelsweiſe die
Pflicht eines Männchens und eines Weibchens verrichten
und deßwegen jede einzelne Paarung eine doppelte Befruchtung iſt. p)

Wenn dieſe Thiere ſich paaren wollen, machen ſie
den Anfang mit einem ſonderbaren Vorſpiel. Die Natur hat ſie mit einem eignen vierzackichen Pfeil gewaf-
net, der von zerbrechlicher, dichter und der Schaale des
Thieres ähnlicher Subſtanz iſt. q) Dieſer Pfeil oder
Stachel kommt aus eben der Oefnung des Halſes hervor, welche die männlichen und weiblichen Geſchlechtstheile in ſich verſchließt. So bald dieſe Thiere ſich einander nähern, ſticht der Pfeil des einen das andere
Thier, ſchießt aus dem Theil, wo er verborgen war,
hervor, und fällt entweder auf die Erde oder bleibt in
der Schnecke ſtecken, welche damit getroffen worden.
Die gereißte Schnecke zieht ſich zurück; allein bald darauf naht ſie ſich wieder, und ſchießt auf die andere gleich-
falls

p) ſ. B. M. II. §. 24. p. 297.

q) Der Venus Pfeil. Spicula veneris. Dard, Aiguillon.
ibid. §. 25. p. 298. Dieſer Pfeil und der Gebrauch deſſelben iſt allerdings eine der ſonderbarſten Merkwürdigkeiten, die dieſen verachteten Geſchöpfen ganz allein zuzukom-
men ſcheint.

falls einen Pfeil loß, worauf alsbann die Begattung
vor sich geht. Diese Thiere paaren sich alle 14 Tage zu
drenenmalen und jedesmal geschieht dieses auf Kosten
eines neuen Pfeils.   Jede Paarung dauret viele Stun-
den, und während dieser Zeit scheinen die Schnecken
gleichsam erstarrt zu seyn.   Ohngefähr 18 Tage hernach
geben die Schnecken durch eben diese Oefnung des Halses eine große Menge weiße Eyer von sich.   Diese sind
mit einer häutigen Schaale überzogen, welche nach der
Austrocknung zerbrechlich wird und halb so groß, als
eine Erbse ist. r)   Sie verbergen diese Eyer in die Erde, wo ich sie oft gefunden habe.

Auf solche weise verhält es sich mit der Begattung
der Schnecken.   Indeßen wird man doch bey Beschreibung der Gattung einigen Unterschied darinne bemerken.
Es giebt z. B. Schnecken mit zween Pfeilen oder Ve-
nußstacheln, *) da hingegen die meisten nur einen haben.

Die Schnecken leben von Kräutern und Blättern.
Oft richten sie in den Gärten und unter den Küchenge-
wächsen große Verwüstungen an, s) weil sie die Natur
mit

r) B. M. II. p. 300. §. 27.

s) *Ibid.* p. 302. §. 32. u. p. 304. §. 35. von der Nahrung und
Fütterung der Erdschnecken.

*) S. p. 41. u. 50.

mit zween harten knochenartigen und schneidenden Kien=
backen t) versehen hat, womit sie die Blätter abfreßen
und zernagen können.

Bey herannahung des Winters kriechen die Schne=
cken in einige Löcher, wo sie sich in Sicherheit begeben,
und ihr Gehäuße mit einer Art weißer blättriger Deckel
verschließen, die aus ihrem verhärteten Schleim oder
Speichel verfertigt werden. u) Man findet sie gegen
das Ende des Winters oft bis zum Monat May, auf sol=
che Art verwahret, und das ist eben die Jahreszeit, da
die Landleute sie zur Speiße einsammlen. v)

Der schilfrige Deckel, der die Mündung des Ge=
häußes verschließt, ist weiter nichts als eine bloße Plat=
te. Er unterscheidet sich von den eigentlichen Schne=
ckendeckeln dadurch, daß man auf diesen sehr deutliche
concentrische Zirkel entdecket, die auf jenen Platten nicht
bemerkt werden. Sonst ist der Deckel ein wesentlicher
Theil des Thieres, den es zu allen Zeiten behält und wo=
mit es sein Gehäuße so oft verschließt, als es will. Die=
se schilfrige Platte hingegen ist eine bloße Verhärtung
des Schleims, ohne Organisation, und gehört nicht we=
sentlich zu dem Thiere. Daher wirft auch das Thier

E   mit

t) Maximillae, les machoires elu Limaçon. S. Berl. M.
　　II. p. 286. §. 7 — 9.

u) *ibid.* p. 301. §. 31.

v) Cf. *ibid.* p. 528. §. 69.

mit dem Anfang des Frühlings diesen loßgestoßnen
Deckel gänzlich ab, kriecht alsdann wieder aus seiner
Schaale hervor, sucht von neuen seine Nahrung und
beßert seine erlittne Beschädigungen wieder aus. w)

Wir haben dieses zahlreiche Geschlecht, nach der
Gestallt der Gehäuße dieser Thiere, in zwo Familien
getheilt. Die **erste** begreift diejenigen in sich, deren
Gehäuße rund sind, wie die Gehäuße der Gartenschne-
cken; Die zwote enthält die Schnecken mit verlängerten, thurmförmigen Gehäußen. Von dieser zwoten
Familie laßen sich wieder zwo Unterabtheilungen machen. **Die Schnecken der ersten Ordnung** drehen
die Gewinde ihrer Schaalen von der linken nach der
Rechten, wie der gröste Theil der einschaalichten
Schnecken. **Die Thiere der zwoten Ordnung** aber
haben die Gewinde ihrer Gehäuße von der Rechten
nach der Linken gedreht, welches vielen Naturforschern
Gelegenheit gegeben, diese Gattungen von Schnecken
mit dem unschicklichen Nahmen der Einzigen (Uniques, sine pari) zu belegen, x) da man doch unter
mancher-

w) s. B. M. II. Band p. 300. §. 27. und p. 531. besonders
aber Plüche Schauplatz der Nat. 1 Th. p. 279.

x) s. B. M. II. p. 340. §. 43. Außer denen vom Herrn Verf.
in dieser Abhandlung angeführten Linksschnecken, besitze
ich auch eine dergleichen große Weinbergsschnecke, wie
sie der Herr D. Feldmann in Ruppin aus Regensburg,
als eine wahre Seltenheit erhalten hat. s. l. cit. p. 528.
§. 69.

mancherley Geschlechtern der Seechonchylien, dergleichen linksgedrehte Schnecken entdeckt hat.

I. Familie.

Schnecken mit runden Gehäußen.

I. Gattung.

Die Weinbergsschnecke. *Pomatia*. Le *Vigneron*. Adanf. *Limaçon de Jardin* ou *de Vigne*. Arg.

Cochlea teſtâ utrinque convexa rufeſcente, quinque ſpirarum. 15 Linien Breit.

Leßer §. 44. o. p. 161.

Berl. Mag. II. p. 530. T. 1. f. 1. Die aſchfahle mit braunen Binden umgebene Gartenſchnecke.

Oek. Phyſ. Abh. VIII. p. 778. Die Garten- ſchnecke.

Swamm. Bib. d. N. Die Deckelſchnecke, Wein- bergsſchnecke. *Cochlea opercularis* ſ. *Vinearum*. Wyngaarts lak. p. 45.

Haſſelquiſts R. nach Pal. Cochlea *Pomatia*. p. 483.

Geſn. aquat. 255. *Pomatia*.

Aldrov. Exſ. 389. Cochlea terreſtris gypſo obſerrata.

Liſter. Angl. T. 2. f. 1. Cochlea cinerea edulis, cujus apertura operculo craſſo velut gypſeo per hyemen claugitur. p. 111.

Lister. Hist. Conch. T. 50. f. 46. Cochlea cinerea rufefcens faciata, leuiter umbilicata.

— *Exercit. Anat.* I. Tab. 1. Cochlea Pomatia edulis
Gefneri. p. 162.

Dale Pharm. 394. Cochlea f. Limax terreftris.

Merr. Pin. 207. Cochlea alba major cum fuo operculo.

Petiv. Muf. IV. n. 12. Cochlea alba major.

Gualt. Tab. I. Fig. A. Cochlea terreftris, vulgo
cinerea, aliquando pulla, fafciis quatuor fulvis
diftincta.

Kleinii Cricostoma ex fufco variegatum, opertura fere circinnata. §. 34. 3. d. p. 12.

Schlotterbec. Cochlea terreftris major, vulgaris,
pallide fufca vel albicans, hybernis menfibus in
terris latittans, fuoque tun temporis operculo
munita, quae Apiciorum menfis arte coquina-
riâ redditur apta. *Act. Helv.* Vol. V. p. 276.

Argenv. Pl. 28. f. 1. *Limaçon de Jardin* ou *de Vigne* de
forme ronde à cinq fpirales très ramaffées; fon
ouverture eft prèsque ronde, fans rebords. Sa
robe eft un peu fafciée de couleur d'un gris fale et fauve. p. 338.

— *Zoomorph.* Pl. 9. f. 4. Limaçon nommé *Pomatia.*
p. 81.

Linn. S. Nat. §. 593. Helix teftâ umbilicatâ, fubovatâ, obtufâ, decolori, aperturâ fubrotundo-
lunatâ, vulgo *Pomatia.* p. 771.

Linn.

Linn. Faun. §. 1293. Cochlea teſtá ovatá, quinque ſpirarum. Pomatia dicta. p. 369.

Dieſe Schnecke iſt die Gröſte in unſerm Lande. Ihre Schaale iſt gewunden und beſteht aus 4½, öfters auch aus 5 Windungen. Die Farbe fällt ins gelbliche mit einigen dunklern Banden. Der Rand, oder Saum ihrer **Mündung** y) iſt ein wenig übergebogen und die Farbe deſſelben iſt ſo, wie an der übrigen Schale. Im Winter iſt dieſe Mündung mit einem ſchilfrichen weißen Deckel verſchloßen, der einer Eyerſchaale völlig gleich ſiehet.

Man findet dieſe Schnecke oft in den Weinbergen; daher ſie auch die Benennung der **Weinbergsſchnecke** erhalten hat. Viele Leute ſammlen ſie auf dem Lande, beſonders im Frühjahr, wann ihr Gehäuße noch verſchloßen iſt, um ſie kochen zu laßen und dann zu eßen. Ihr Geſchmack iſt nicht unangenehm. z)

E 3

II. Gat:

y) Die Ränder der Mündung haben den Nahmen der Lippen oder Lefzen (Labia, labra, bords, fevres,) erhalten, und werden bey einigen der Saum, bey andern auch das Mundſtück genennt.

z) Einige Leute haben am Genuß dieſer Schnecken ſo viel Geſchmack gefunden, daß man darum ſchon zu der alten Römer Zeiten ordentliche Schneckengehege oder Schneckenberge angelegt hat, um dieſe Thiere gut zu füttern und zu mäſten. Die Catholiken genießen ſie zur Faſtenzeit ſehr häufig, an ſtatt des Fleiſches, und man führt ihnen oft ganze Schifsladungen von ſolchen Schnecken zu.

❊❊❊❊❊❊❊❊❊❊❊❊❊❊❊❊❊❊❊❊❊❊❊

II. Gattung.

Die Gartenschnecke.

Cochlea hortenſis.   Le Jardinier.

10 Linien Breit.

Leßer. Die große Caſtanienfarbene Gartenſchnecke
mit dunkeln Binden und gelben Punkten. §. 44.
p. 161.

Berl. Mag. II. B. p. 532. No. II.

Cochlea teſtà utrinque convexâ, pullo maculata
et faſciata, quinque ſpirarum, labro albo reflexo.

Liſter. Angl. T. 2. f. 2. Cochlea major pullo maculata et faſciata hortenſis. p. 113.

— H. Conch. T. 56. f. 52. Cochlea terreſtris, unicà faſcia latà per medium orbem.

———————

Die Größe der Gartenſchnecke iſt unterſchieden. Ueberhaupt aber iſt ſie um den dritten Theil kleiner, als die
Weinbergsſchnecke. (No. 1.) Ihre Schaale iſt mit zir-
kelförmigen Banden von braunen Flecken geziert, die mit
hellern Flecken untermiſcht ſind. Das, was ſie am leich-
teſten von andern Schnecken unterſcheidet, iſt der hervor-
ſtehende, innwendig milchfarbige Saum der Mündung,
welche im Winter mit einem eben ſo ſchilfrigen Deckel,
wie die Oefnung der Weinbergſchnecke, verſchloßen wird.
Man trift dieſe Schnecke häufig in den Gärten an, wo ſie
durch Zernagung der Gewächſe vielen Schaden ſtiftet.

.Das

Das ist auch der Grund, warum sie die Gartenschnecke genennt worden. Einige Leute eßen sie, wie die vorhergehende; allein ihr Fleisch ist nicht so schmackhaft. In Ermangelung der ersten ist diese auch in der Medicin zu Verfertigung der Schneckenbrühen und Syrupe gebräuchlich.

✳✳✳✳✳✳✳✳✳✳✳✳✳✳✳✳✳

III. Gattung.

Die Liberey.   Die Waldschnecke.
Cochlea Livrée.   La nemoralis.

9 biß 10 Linien Breit.

Berl. Mag. II. p. 536-546. T. IV. fig. 39. u. 44.

Die Citrongelbe fleischfarbige oder weiße Erdschnecke mit und ohne braunen Binden.

Leßer. §. 44. b. c. d. 9. m. p. 159. &c.

Swamm. Bib. d. Nat. T. VIII. f. 6. Cochlea hortensis.

Geve. Tab. XXXI.

Lister. Angl. T. 2. f. 3. Cochlea citrina aut leucophaea, non raro unicolor, interdum tamen unicà, interdum etiam duabus aut tribus, aut quatuor, plerumque vero quinque faciis pullis distincta. p. 116.

— Hist. Conch. T. 58. f. 54. Cochlea interdum unicolor, interdum variegata, item variis fasciis depicta.

Merr. Pin. 207. Cochlea vulgaris, testà variegatà.

Petiv. Muf. 5. n. 14. Idem nomen.

Gualt. T. 1. f. P.

Argenv. Pl. 28. f. 8. Limaçon de couleur jaunâtre.
Il a des bandes brunes et cinq spirales qui s'éle-
vent l'une au deſſus, de l'autre, auec une pointe peu elevée en forme de Sabot.　Ce Limaçon
ſe trouve dans les bruyeres ſur les montagnes.
On la nomme la *Livrée.* p. 338.

— *Zoomorph.* Pl. 9. f. 5. p. 82.

Linn. S. N. §. 604. *Helix* teſtá imperforatá, ſubro-
tundá, laevi, diaphaná, faſciatá, apertura ſub-
rotundá, lunatá.　Vulgo *Nemoralis.* p. 773.

— *Faun.* §. 1294. Cochlea teſtá utrinque convexá
flavá, faſciá ſubſolitariá, fuſcá, labro reflexo.
p. 370.

— *Muſ. R. V.* p. 670.

— *Oel. R.* p. 140. II. 170. Cochlea vulgaris, teſtá
variegatá.

— Weſtg. R. p. 98. Helix, quae Cochlea teſtá
pellucidá.

──────

Dieſes Schneckengehäuße iſt kleiner, als die vorhergehenden.　Es giebt wenig Arten, die in ihren Farben ſo
ſehr abwechſeln.　Gemeiniglich iſt ſie Citrongelb, zuweilen fällt ſie ins röthliche; zuweilen iſt ſie ganz einfarbig,
ohne Banden, zuweilen iſt ſie mit einem einzigen, ein an-
dermal

dermal mit zwey oder drey, oft mit fünf Banden belegt a).
Dieſe braune Bande leiden in Anſehung ihrer Gröſße und
Lage viele Abänderungen; allein die Mündung der Schnecken hat bey allen einen ſtark überragenden braunen (zuweilen auch weißen) Saum, auch bey denen, die nicht
mit Banden geziert ſind.

Man findet dieſe Schnecken allenthalben in den Gärten und auf dem Felde. Die Bande, womit ſie umwun-
den ſind, und die ihnen das Anſehen einer Liberey geben,
ſind die Urſach ihrer Benennung.

IV. Gattung.

Die Cartheuſernonne. Die weiße Waldſchnecke.
Cochlea nemoralis albeſcens.   La *Chartreuſe*.

6 Linien im Durchmeßer.

Leßer. Die weiße Erdſchnecke. §. 44. a. p. 159.
Berl. Mag. I. cit. p. 538. A. a.   Die weiße durch-
ſichtige Waldſchnecke.

E 5   Coch-

a) Die mannigfaltigen Abänderungen dieſer Waldſchnecke ſind
   im Berl. Mag. II. B. p. 538 — 545. am deutlichſten und
   weitläuftigſten beſchrieben worden. Sie iſt entweder

A. Einfarbig. (a) weiß und durchſichtig, oder
              |b) Citrongelb.
              | α) mit einem gelbbraunen, oder ſeltner
              | β) mit einem weißen ſchorfen Saum um die
              | Mündung.
              (c) fleiſchfarbig, braun geſäumt.

B. mit Banden (mit 1. 2. 3.
   belegt.   {— 4 und oft mit 5 Banden von ſehr unterſchie-
                (dener Breite und veränderlicher Lage.

Cochlea, teſtâ utrinque convexâ albâ, ſex ſpirarum, labro vix reflexo.

Liſt. Angl. p. 117. n. 2. Cochlea ex toto leucophaea,
ipſis aperturae oris pullis.

— *ibid.* T. 2. f. 12. Cochlea dilute refeſcens aut
ſubalbida, ſinu ad umbilicum exiguo, circinato.

Schlotterb. Cochlea terreſtris minor ventricoſa, non
faſciata, albicans. Act. Helv. Vol. V. p. 278.

Linne Weſtg. R. Cochleâ teſtâ pellucidâ. p. 98.

Dieſe Schnecke iſt nicht ſehr erhaben. Sie beträgt ohngefähr einen halben Zoll im Durchmeßer und iſt beynahe
ſechsmal gewunden. Durch dieſen Charakter und an ihrer ganz weißen Farbe iſt ſie leicht zu erkennen. Der Bewohner derſelben iſt ebenfalls weiß. Daher hat man ſie
die Cartheuſernonne genennt. Man findet ſie im Wal-
de, aber viel ſeltner, als die vorhergehende.

V. Gattung.

Die große geſtreifte Schnecke.

Cochlea ſtriata major.　La grande ſtrieé.

5 Linien im Durchmeßer.

Cochlea teſtâ utrinque convexâ, ſubtus perforatâ,
ſtriatâ, albido cinereoque faſciatâ, quinque ſpirarum.

Argenv.

Argenv. Zoomorph. Pl. 9. f. 6. *La grande striée* dont le corps est de couleur fauve à trois tours et un demi et umbilique par deſſous: rien n'eſt ſi plat que cet animal. p. 82.

——————— ————

Ihre Farbe iſt grau und aſchfarbig, mit einigen dunkel-gefleften Banden. Unten hat die Schaale eine Vertie-fung oder Nabel, b) welcher in der Mitte hohl iſt. Die ganze Schaale iſt die Länge herab fein geſtreift. Man trift ſie häufig in feuchten Wäldern an. Der Bewohner dieſes zierlichen Gehäußes iſt beſonders merkwürdig, weil er mit zween dergleichen Pfeilen verſehen iſt, deren ſich die Schnecken vor der Begattung bedienen, und die ſie, um ſich zur Paarung zu reizen, wechſelsweiſe auf einan-der loßſchießen. (S. 29.) Dieſe zween Pfeile werden in zwey eignen Behältnißen verwahrt. Alle andere Schne-cken, den großen Bund (No. XIII.) ausgenommen, haben nur einen Venuspfeil, der in einer einzigen Kapſel aufbehalten wird.

✿✿ ✿✿

VI.

b) Die Höhlung in der Are oder Spindel, um welche ſich die Gewinde der Schnecke drehen, wird der Nabel, das Na-belloch, umbilicus, le trou d'umbilic genennt. Die meiſten Conchyliologiſten geben dieſen Nahmen auch den-jenigen Oefnungen oder Vertiefungen, welche ſich in der Mitte der plattgedrückten Schnecken, der Ammonshör-ner ꝛc. befinden.

VI. Gattung.
Die kleine gestreifte Erdschnecke.
Cochlea striata minor.   *La petite striée.*

1 Linie im Durchmeßer.

Cochlea testâ utrinque convexâ, subtus perforatâ, striatâ, albâ, quatuòr spirarum, ore reflexo.
Argenv. Zoomorph. Pl. 9. Fig. 7. la *petite striée* est la
même que la grande, à la petitesse près. p. 82.

Von Farbe ist dieses kleine Schneckengehäuße ganz weiß.
Es ist in die Länge so fein gestreift, daß man die kleinen
Striche kaum bemerken kann.   Unten hat sie einen sehr
deütlichen Nabel und ihre Mündung ist mit einem überragenden Saum versehen, der wegen seiner Größe sehr
bemerkenswerth ist.   In den Wäldern ist diese Gattung
sehr gemein.   Man muß sie unter feüchten Steinen
und in den Moosen suchen.

VII. Gattung.
Die glänzende Wiesenschnecke.
Cochlea pratensis cornea.   *La Luisante.*

5 Linien im Durchmeßer.

Berl. Mag. II. p. 604. no. VI. Idem. nomen.
Swammerd. B. d. N. T. 8. f. 3.   Die kleine
platte Schnecke.   Minuta cochlea, leuiter depressa.

Cochlea

Cochlea, teſtá utrinque convexâ, ſubtus perforata, cornea, pellucida, nitida; quinque ſpirarum.

Argenv. Pl. 28. f. 4. Ce petit Limaçon eſt d'un gris
ſale, et d'une fórme plus ramaſſée que les pre-
cédens. On le trouve dans les Prèz et dans les
Joncs. On l'appelle *la Luiſante.*

Man hat dieſer Schnecke den Beynahmen der Glänzen-
den gegeben, weil ſie ungemein glatt iſt. Sie hat fünf
Gewinde, iſt durchſichtig und, wenn ſie leer iſt, ſieht ſie
hell hornfarbig aus. So lange das Thier darinne lebt,
erſcheint die Schaale dunkelſchwarz, weil das Thier ſehr
ſchwarz ausſieht und durch die Schaale durchſcheinet.
Unten hat die Schaale eine hohle Vertiefung oder einen
Nabel. Sie wird mit der vorigen unter feuchten
Steinen und im Schatten des Waldes
gefunden.

VIII. Gattung.
Die durchſichtige Schnecke.
Cochlea fragilis, pellucida. *La Transparente.*
2 Linien im Durchmeßer.

Cochlea, teſtá totâ pellucidâ, fragili, ſubvire-
ſcente, utrinque convexâ, ſpiris tribus.

Dieſe Schaale iſt ſehr glatt, glänzend, auf beyden
Seiten erhaben, unten nicht im mindeſten genabelt, ſehr
dünne, zerbrechlich und durchſichtig. Ihre Farbe fällt

ein

ein wenig ins grünliche und unter ihren drey Gewinden ist das erste sehr groß, folglich auch die Mündung sehr weit. Man findet sie in feuchten Moosen, an den Ufern der Teiche, aber niemals im Waßer, worinn sie nicht leben kann. Das Waßer ist vielmehr ein Mittel, den Bewohner umzubringen und die Schaale davon zu entledigen, welches sonst, wegen ihrer außerordentlichen Feinheit, nicht leicht ohne der Gefahr geschehen könnte, sie zu zerbrechen.

Wenn das Thier lebt, hat es einen häutigen Anhang, womit es seine Schaale beständig reibet und ausputzet.

IX. Gattung.

Der Knopf.

Cochlea rotundata. *Le Bouton.*

2 Linien im Durchmeßer.

Cochlea, testâ utrinque convexâ, subtus concava, striata, cornea, lineis transversis ferrugineis, quinque spiris rotundatis.

Argenv. Zoom. Pl. 9. f. 10. *Le Bouton*, auec un umbilique. p. 82.

Das Ansehen dieser kleinen Schnecke ist sehr artig. Oben ist sie sehr platt gestaltet, unten gegen ihren Rand ist sie mehr erhaben, mit einer beträchtlichen Vertiefung am Nabel.

Nabel. Ihre Farbe ist blaß, wie Horn; allein sie ist durchgängig mit röthlichen in die Quere laufenden Flecken geziert, welche beynahe alle einen gleichen Abstand von einander haben. Ueber dieses ist die ganze Schaale mit feinen Querstreifen besezt. Diese Streifen und Flecken geben der Schnecke eine Aehnlichkeit mit einem artig ausgearbeiteten Knopf. Man findet sie mit denen vorhergehenden im Moose und unter feuchten Steinen.

✳✣✳✣✳✣✳✣✳✣✳✣✳✣✳✣✳✣✳✣✳

X. Gattung.

Die Lampe.

Serpentulus. *La Lampe.* Le *Planorbe terreſtre.*

5¾ bis 6 Linien im Durchmeßer.

Berl. Mag. 1. c. p. 609. n. XI. Tab. III. f. 36. Die scharfgewundne braunbunte Nabelschnecke mit 5 niedergedrückten Gewinden.

Cochlea teſtâ utrinque convexâ, ſubtus perforatâ, limbo acuto, aperturâ ovatâ transverſâ, ſpiris quinque.

Liſter. Angl. T. 2. f. 14. Cochlea pulla ſyluatica, ſpiris in aciem depreſſis. p. 126.

— *Hiſt. Conchyl.* T. 69. f. 62. Cochlea noſtra umbilicata, pulla.

Petiv. Muſ. 69. n. 734. Planorbis terreſtris anglicus, umbilico minore, margine aſtuo.

Klein.

Klein. Serpentulus laevis. §. 20. n. 4. p. 8.

Schlotterb. Cochlea terreſtris minor foveata, com-preſſa, *vel albicans*, maculis levioribus pallide fuſcis paucis variegata; *vel fuſca*, maculis fuſcis rarioribus diſtinƈta, peripheriä acutä, limace quadricorni ex fuſco magis minusve nigricante. *Aƈt. Helv.* Vol. V. Tab. III. A. f. 15. p. 280.

Linn. S. N. §. 572. *Helix Lapicida*, teſtä carinatä, umblicatä, utrinque convexä, apertura marginatä transverſali, ovatä. p. 768.

— *Fauna.* §. 1298. Cochlea teſtä utrinque convexä, ſubtus perforatä, ſpirä acutä, aperturä ovatä transverſali. p. 371.

— *Aƈt. Upſ.* 1736. p. 40. n. 9. Cochlea teſtä convexä, ſubtus perforatä, ſpirä acutä.

— *Muſ. Reg. Ulr.* p. 663.

— *Onl. R.* p. 11.

— *Weſtg. R.* p. 34.

━━━━━━━━━━

In unſerm Lande iſt dieſe Schnecke eine der ſonderbarſten und ſeltenſten. Sie iſt eben nicht merklich, unten aber etwas ſtärker erhaben und tief genabelt. Unter ihren fünf Gewinden iſt das äußere ſehr ſcharf am Rande platt gedrückt und an der Mündung ſchreg abgeſchnitten, ſo, daß dieſe Oefnung unten faſt ganz in die Quere geſchoben zu ſeyn ſcheint. Ein weißer Saum umgiebt den Mund,

und

und der übrige Theil der Schaale ist mit Querstreifen be
zeichnet, von blaßer hornartiger Farbe, überall mit grof
sen und deutlichen rothen Flecken bestreut, die aber weder
ein so reizendes Ansehen haben, noch so gleichförmig geordnet sind, als an dem **Knopfe.** (No. IX.) Zuweilen,
aber nur selten sieht man diese Schnecke um Paris
in den Wäldern.

XI. Gattung.

Die Sammtschnecke. Die rauhe Schnecke.
Cochlea hispida.   *La Véloutee.*

3 Linien im Durchmeßer.

Berl. Mag. II. p. 607. n. x. T. III. f. 34. **Die
dünnschaaliche hornfarbige Nabelschnecke.**

Leßer. §. 47. o? p. 177.
Cochlea, testâ utrinque convexâ, hispidâ, subtus
perforatâ, spiris quinque rotundatis, aperturâ
ovatâ.

Lister. Angl. T. 2. f. 12. Cochlea dilute rufescens
aut subalbida, sinu ad umbilicum exiguo, cir-
cinnato. p. 125.

Klein. Serpentulus laevis. f. Cochlea nostra umbilicata Listeri. §. 20. p. 8.

Linn. S. Nat. §. 591. *Helix* testâ umbilicata convexa,
hispida, diaphana, anfractibus quinis, aperturâ subrotundo-lunatâ. Vulgo *Hispida.* p. 771.

F.   *Linn.*

Linn. Fauna. §. 1296. Cochlea testâ utrinque convexâ, hispidâ, spiris quinque rotundatis, subtus perforata. p. 371.

Man zählt an dieser Schnecke fünf und mehrere Gewinde. Ihre Farbe ist hornartig und fällt etwas ins braune.
Die untere Seite bildet einen deütlichen hohlen Nabel.
Die Mündung ist eyförmig, ohne Saum an den Lippen.
Was sie am merkwürdigsten und kennbarsten macht, ist
dieses, daß sie, wie ein Sammt, mit kleinen kurzen
Fäserchen besezt ist, c) wodurch sie ganz rauh und fa-
sericht wird. Sie wird gemeiniglich in feüchten Wäldern und auf den Wiesen gefunden.

XII. Gattung.

Die Sammtschnecke mit dreyeckichten Munde.

Cochlea hispida, aperturâ   *La Veloutée* à bouche
triangulari.   triangulaire.

4½ Linie im Durchmeßer.

Cochlea testâ fuscâ, hispidâ, supra planâ, subtus
perforata, spiris sex, aperturâ triangulari, labro reflexo luteo.

Das

c) Die Schnecke, welche Lister, Klein, Leßer ꝛc. an den angezeigten Stellen beschrieben, hat alle Eigenschaften der
gegenwärtigen und wird an eben solchen Orten gefunden.
Nur fehlet ihr die Rauhigkeit der Sammtschnecke; Sie
kann also als eine Abänderung derselben betrachtet werden.

Das Gehäuße dieſer Schnecke iſt ſechsmal gewunden. Es iſt braun und rauh oder ſammtartig, wie das vorige; allein oben platt und ſo gar in der Mitte eingedrükt. Unten iſt es von einem weiten Nabelloch durchbohrt. Die Mündung hat einen gelblichen Rand oder übergebogne Lippen, welche in ihrem Umfang dieſe dreyeckichte Mündung bilden.

Dieſes Thier iſt ſehr rar. Man findet es zuweilen zu Meudon in feuchten und niedrigen Gegenden. Seine Geſtallt, die dem Anſehen der Tellerſchnecken (Planorbis) nahe kömmt, hat einigen Perſonen Gelegenheit gegeben, ſie die Erdtellerſchnecke zu nennen.

XIII. Gattung.

Der große oder platte Bund.

Cochlea faſciata	Le *grand Ruban*.
Ericetorum.	Le *Ruban plat*.

6 Linien im Durchmeßer.

Berl. Mag. l. c. p. 613. no. XIV. Tab. IV. f. 46.
Das ungleich gewundne Poſthorn mit Banden.

Cochlea, teſtâ albâ, ſupra planá, ſubtus ſinu amplo perforata, ſpiris quinque, faſciâ ferrugineâ.

Liſter.

Lister. Angl. T. 2. f. 13. Cochlea cinerea albidave, fasciata ericetorum.

Klein. Serpentulus ore labiato, acutangulo, edentulo, fasciatus. p. 8. §. 20. n. 2.

Die obere Seite dieser Schnecke ist ganz flach, die untere hat aber ein weites Nabelloch, wodurch man die Windungen in Form einer Wendeltreppe sehen kann. Die Schaale ist sechsmal gewunden; ihre Farbe ist ganz weiß, bis auf ein gelbes oder braunes Band, welches mitten um die Gewinde herum geht und besonders am ersten Gewinde oft von einem andern mattfarbigern Bande begleitet wird.

Der Bewohner dieses Gehäußes hat zwey Venuspfeile, wie die große gestreifte Schnecke. (No. V.) Man kann hierbey nachlesen, was schon oben p. 29. davon gesagt worden.

p. 29. davon gesagt worden.

XIV. Gattung.
Der kleine gewölbte Bund.

Cochlea fasciata convexa.	Le petit Ruban. Ruban convexe.

2¼ Linie im Durchmeßer.

Cochlea, testâ albâ, suprâ planâ, latere acuto, subtus convexa, sinu angusto perforatâ, spiris quatuor, fasciâ suprâ unicâ, subtus plurimis fascis.

Oben

Oben ist diese Gattung platt, beynahe wie die vorige; unten aber ist sie gewölbt und mit einem engen Nabelloch versehen, wodurch sie sich von der vorigen unterscheidet. Der andere Unterschied besteht darinn, daß sie nur vier Gewinde hat.

Die platte Gestalt der obern Fläche macht oben an der Seite der Windungen einen Winkel. Die Farbe der Schaale ist weiß. Oben lauft ein einzelnes Band über die Windungen; unten aber sind, außer diesem Band, noch vier feinere und schmalere Bänder zu sehen.

In der Normandie findet man auf den Wiesen, an den Ufern des Meeres, eine andere Schnecke, welche dieser sehr ähnlich scheint, und die man den Meerbund (Ruban de la Mer) nennen könnte. Sie unterscheidet sich aber von der unsrigen dadurch, daß sie fünf Windungen hat, unten ganz weiß, oben aber mit einem einzigen braunen Band geziert ist.

F 3　　　　II. Famil.

❦❦❦❦❦❦❦❦❦❦ ❦❦❦❦❦❦❦❦❦❦

II. Familie.*)
Schnecken mit verlängerter Schaale.

I. Ordnung.
Mit rechtsgedrehten Gewinden.

XV. Gattung.
Das Gerstenkorn.

Turbo *Granum Hortei* referens.　*Le Grain d'Orge.*

3 Linien lang.

Cochlea, testâ fulvâ obscurâ, acutâ, spiris sex.

Lister. Angl. T. 2. f. 8. Buccinum rupium majusculum, circiter senis orbibus circum volutum. p. 122.

Argenv. Conch. Pl. 28. f. 15. Buccin de couleur jaune à six tours. Le *Grain d'Orge*, dont l'ouverture est pointue et un peu referrée. p. 339.

━━━━━━━━━━━━━━

Die

---

*) Wenn wir nicht so sehr auf die Bewohner als auf die Figur der Schaale sehen; so macht diese Familie eigentlich das Geschlecht der Schraubenschnecke aus. Doch ist die Beydlebige oder Agtsteinfarbige Schnecke (No. XXII.) in Ansehung ihrer Form den Bauchschnecken (globosae) beyzuzählen.

Die Farbe dieser Schnecke gleicht den Castanien. Sie ist nur ein wenig heller. Ihre Schaale ist unansehnlich und keinesweges glänzend. Sie besteht aus sechs Windungen und hat einen eyförmigen Mund, der mit einem weißen Saum umgeben ist.

Da diese Schaale beynahe die Größe und Länge eines Gerstenkorns hat; so ist ihr von dieser Aehnlichkeit der angeführte Nahme beygelegt worden. Sie wird im Mooß und unter feuchten Steinen gefunden.

XVI. Gattung.

Das Haferkorn.

Cochlea f. Turbo, *granum* · *Le Grain d' Avoine.*
avenaceum referens.

2 Linien lang.

Cochlea, testá fuscá, obscurá, acutá, spiris octo.

Diese Schnecke sieht braun und unansehnlich aus. Sie besteht aus acht Gewinden. Ihre Mündung ist eyförmig, mit einem weißen Saum eingefaßt und mit sieben Zähnen oder Falten von gleicher Farbe besezt, wovon oben vier und unten drey gezählt werden. Mit der vorigen hat diese Schnecke viel Aehnlichkeit; allein sie ist nicht so groß und mehr zugespizt. Man findet sie an eben den Orten, wo man jene suchen muß.

F 4

XVII.

XVII. Gattung.

Die glänzende Spitzschnecke.

Cochlea f. *Turbo nitidus.* *La Brillante.*

2 Linien lang.

Berl. Mag. III. p. 137. No. XXXIV*. Tab. V. f.
59. a. b. Die kleine durchsichtige Erdschraube
mit 5 — 6 Gewinden.

Cochlea teſtá fulvá, nitidá, acutá, ſpiris quinque.

Liſter. Angl. T. 2. f. 7. Buccinum exiguum quinque
anfractuum, mucrone acuto. p. 122.

———————

In Ansehung der Farbe gleicht diese Schnecke der vorigen, außer daß sie ein wenig blaßer aussieht. Sie ist
glatt, glänzend, und besteht aus fünf Windungen, wodurch sie sich leicht vom Gerstenkorn (XV.) unterscheidet. Ihre Mündung ist eyförmig, von einem weißen
aber nicht sehr merklichen Saum umgeben. Man trift
sie in den Waßermooßen an den Ufern des Waßers, aber
allemal noch auf dem Lande an; denn im Waßer, wenn sie
hinein fiele, würde sie sicher umkommen müßen.

XVIII.

†)X(X(X(X(X(X(X(X(X(X(X(X(X(†)X(X(X(X(X(X(X(X(X(X(X(X(†

XVIII. Gattung.

Die rechtsgewundne Unvergleichliche.

Turbo dentatus labro reflexo. *L' Anti-Nompareille.*

5 Linien lang.   1¼ Linie breit.

Cochlea, testa cinerâ, acutâ, striatâ, aperturâ quinque dentatâ, labro reflexo, spiris novem.

Argenv. Zoom. Pl. 9. f. 13. Buccin dont la bouche est tournée de gauche à droite. Des spirales au nombre de dix, separent la coquille jusqu'à la pointe. p. 83.

———————
———————

Diese Schnecke ist aschenfarbig, lang gewunden und scharf zugespizt. Sie hat die Länge herab feine Streifen. Der untere Theil der Schaale ist ein wenig zusammenge= schnürt. Sie besteht aus neun Gewinden. Ihre eyrunde Mündung hat vier Falten oder Zähne; drey oben und zwey unten.

Man findet diese Schnecke am Grunde der Mauern und in Wäldern unter den Moosen. Wir haben ihr den Nahmen Anti-Nompareille oder das Widerspiel der Unvergleichlichen gegeben, weil mit der Unvergleich= lichen, die wir bald (No. XXIII.) beschreiben werden,

die

die große Aehnlichkeit hat, und sich von ihr bloß dadurch
unterscheidet, daß ihre Windungen die gewöhnliche Richtung haben und sich von der Linken nach der Rechten drehen; da hingegen die Windungen der **Unvergleichlichen**
auf eine verkehrte Art, nemlich von der Rechten
nach der Linken laufen.

XIX. Gattung.

Das große Fäßchen oder Bienenkörbchen.

Turbo obtufus major.   *Le Grand Barillet.*

2¼ Linie lang.

Cochlea, teftâ fubcylindraceâ, obtufâ, labro albo reflexo, fpiris octo.

In Ansehung der Farbe nähert sich diese Schnecke dem
rothfahlen und ist ein wenig durchsichtig. Ihre Figur
ist beynahe Walzenförmig, wie die Figur einer kleinen
Tonne oder eines Fäßchens; daher sie auch das Fäßchen
(Barillet) genennt worden, weil ihre Windungen denen
Reifen eines Faßes gleichen. Ihr Zopf endigt sich nicht
in eine Spitze, sondern er ist oben stumpf und abgerun-
det. Man zählt an dieser Schnecke acht oder beynahe
neun Windungen. Ihre Mündung ist eyförmig, mit einem

nem weißen Rande versehen. Mitten in der Mündung findet sich ein blattförmiger weißer Anhang.

Die Schnecke hält sich unter den feuchten Moosen und unter den Steinen, in den Gärten und auf dem Felde auf.

XX. Gattung.

Das kleine Fäßchen oder Bienenkörbchen.

Turbo obtufus minor. Le *Petit Barillet.*

1 Linie lang.

Berl. Mag. III. B. p. 141. No. XXXVIII*. T. V. f. 63. Das kleine Europäische Bienenkörbchen.

Leßer. §. 60. qqqq. p. 350. Die ganz kleine kurze stumpfe Straubschnecke.

Cochlea, testa subcylindraceâ obtusâ, labro albo reflexo, spiris sex.

Lister. Angl. T. 2. f. 6. Buccinum exiguum, flavum, mucrone obtuso. f. cylindraceum. p. 121.

Argenv. Zoomorph. Pl. 9. f. 11 La couleur du *Barillet* est aurore, ainsi que sa spirale traversée par cinq cordelettes relevées du fond. Sa bouche est contournée, d'où sa téte garnie de cornes fort courtes, fort mediocrement. p. 83.

Linn.

Linn. S. Nat. §. 568. *Turbo Muscorum*, testâ turritâ, obtusâ, pellucidâ, anfractibus secundis, aperturâ edentulâ. p. 767.

— *Faun.* §. 1301. Cochlea testâ subpellucidâ, spiris sex dextrorsis, subcylindracea, obtusâ. p. 372.

— Oel. R. p. 111. Cochlea parva spiris septem.

———————

Diese Schnecke gleichet durchgängig der vorhergehenden. Sie unterscheidet sich von derselben bloß dadurch, daß sie nur sechs Windungen hat, und mehr als um die Hälfte kleiner ist. Man findet sie an eben den Orten, wo das große Bienenkörbchen sich aufzuhalten pflegt.

✿✿✿✿✿✿✿✿✿✿✿✿ ✿✿✿✿✿✿✿✿ ✿✿✿✿✿✿✿✿

XXI. Gattung.

Der Senkel. Die Nadel.

Turbo acutissimus, fragilis. *l'Aiguillette.*

1½ Linien lang. ¼ Linie breit.

Cochlea, testâ albâ, fragili, acutâ, spiris sex.

———————

Dieses

Dieses kleine Gehäuße ist lang, dünne oder zart und so fein, als eine Nadel; daher sie auch diesen Nahmen erhalten hat. Sie ist weiß, zerbrechlich und besteht aus sechs Windungen. Man sucht sie an alten Mauern unter den Moosen. Es ist schwer, sie mit dem Bewohner selbst anzutreffen. Fast allemal entdekt man nur die leere Schaale.

XXII. Gattung.

Die Beydlebige, Agtsteinfarbige Schnecke.

Globosa, Amphibium. *L'Amphibie.* *l'Ambrée.*

9 Linien lang. 4½ Linie breit.

Berl. Mag. IV. B. No. CVII*. Die gelbe durchsichtige Bauchschnecke mit 3 Gewinden. d)

Swammerd. Bib. d. N. T. VIII. f. 4. Die Eyförmige Schnecke. Cochlea figurae ovalis. p. 67.

Lister.

d) Ob gleich der IVte Band des Magaz. noch nicht aus der Preße ist, so haben wir doch aus der Handschrift der Abhandlung von den Conchylien der süßen Waßer wenigstens die Nummern jeder hieher gehörigen Gattung vorläufig anzeigen wollen, unter welcher sie unsre Leser am angezeigten Orte nächstens ausführlich beschrieben finden werden.

Lister. Angl. T. 2. f. 24. Buccinum fubflavum pellucidum trium fpirarum. p. 140.

— *Hift. Conch.* T. 123. f. 23. Idem nomen.

Bon. Recreat. 3. p. 119. f. 54.

— *Muf. Kirch.* p. 452. f. 54. Turbo, teftá fupra modum tenui ac tenerà, admodum pellucidá. Apertura ingens ovalis; color eft ex flauo albefcens, interdum vinofus. Intra tres fpiras finitur, quarum duae inferiores admodum exiguae.

Gualt. Buccinum fluviatile fubflavum, pellucidum, ore ad plaufum aperto, trium fpirarum. Tab. 5. F.

Petiv. Muf. 83. n. 808. Buccinum fluviatile noftras, teftá praetenui, fragili.

Tulp. Obf. 200. t. 201.

Klein. Neritoftoma. *Vetula.* §. 159. p. 55. T. III. f. 70.

Argenv. Conch. Pl. 27. n. 6. fig. ult. Buccin très-petit, ayant feulement trois fpirales, qui fournent de droit à gauche, ainfi que fa bouche, dont l'ouverture eft ovale. Rien n'eft fi tendre & fi mince que cette coquille. Elle peut, fe nommer *l'Amphibie*, fe trouvant egalement fur terre & dans l'eau; mais toujours proche de l'eau. p. 330.

Schlot-

Schlotterb. Turbo fluviatilis minor, oblongus, mucrone nonnihil recurvo. *Acta. Helv.* Vol. V. p. 282. T. III. A. f. 22.

Linn. S. N. §. 614. Helix putris, testâ imperforatâ, ovatâ, obtusâ, flavâ, aperturâ ovatâ. p. 776.

— *Fauna.* §. 1317. Cochlea testâ membranaceâ, subflava, oblonga, mucrone obtuso, anfractibus tribus. p. 377.

━━━━━━ ━━━━━━

Die Ausmeßungen, die wir von diesem Thier angegeben, sind von einem der größten hergenommen. Es giebt noch viel kleinere von eben dieser Art. Ihre Schaale ist dünne, zart, durchsichtig und Bernsteinfarbig, wenn man das schwärzliche Thier herausgenommen hat. Man entdeckt daran kleine schräge Streifen, die mit einander in gleicher Richtung fortlaufen. Sie hat nur drey Windungen, deren erste sehr weit, die zwote mittelmäßig, die lezte aber ganz klein ist. Daher kommt es, daß dieses Gehäuße eine stumpfe Spitze, aber eine weite Mündung hat.

Der Bewohner gehört unter die beydlebigen Thiere. (Amphibies) Man findet die Schnecke in den Teichen und Bächen, sehr oft aber kömmt sie aus dem Waßer hervor und kriecht an die nahe stehende Waßerpflanzen. Sie ist sehr gemein.

✣✣ ✣✣

II. Ord.

II. Ordnung.

Schnecken mit verlängerten Gehäußen und
2. Linksgedrehten Windungen.

XXIII. Gattung.

Die Unvergleichliche.

Turbo longus finiftorfum tortilis.   *La Nompareille.*

4 Linien lang.   1 Linie breit.

Berl. Mag. III. p. 133. No. XXXII*. T. V. f. 56.
Die linksgewundne Erdschraube mit 10 Windungen.

Leßer. §. 60. llll. p. 34.   Die dunkle Schraubenschnecke mit niedergedrückten Munde.

Cochlea, teftâ fufcâ, opacâ, aperturâ compreffâ,
labro albo reflexo, fpiris decem finiftrorfis.

Lifter. Angl. Tab. 2. f. 10. Buccinum pullum, opa-
cum, ore compreffo, circiter denis fpiris fafti-
giatum. p. 123.

— *Angl. App.* T. 1. f. 7.

— *Hift. Conch.* T. 41. f. 40.

Argenv. Conch. Pl. 28. f. 19. Buccin très-menu et
très-allongé en forme d'un *grain d'Avoine*, auec
dix fpirales.   Sa bafe eft prefque auffi pointuë
que fon fommet. p. 340.

Argenv.

Argenv. Zoomorph. Pl. 9. f. 14. Buccin dont la bouche eſt tournée de droite à gauche. Des ſpirales au nombre de dix ſeparent la coquille jusqu'à la pointe. p. 83.

Linn. S. N. §. 567. *Turbo perverſus*, teſtá turritá pellucidá, anfraƈtibus contrariis, aperturá edentu-
lá. p. 767.

— *Fauna.* §. 1300. Cochlea teſtá pellucidá oblongà, ſpiris decem ſiniſtrorſis, apertura ſubrotun-
dà. p. 372.

━━━━━━━━━━━━━━━━

Ihre Schaale iſt lang, braun und gänzlich undurchſich-
tig. e) Wenn man ſie in der Nähe betrachtet, ſcheint ſie
die Länge herab fein geſtreift zu ſeyn.   Der obere Theil
der Schaale, endigt ſich in eine ſtumpfe Spitze, die Mitte
derſelben iſt mehr aufgeblaſen und der untere Theil wieder zuſammen gedrükt.   Sie hat zehn Gewinde.   Ihr
Mund iſt länglicht, nach oben zu etwas eingedrückt und
mit einem weißen Saum eingefaßt.   Oben an der Mündung bemerkt man eine Falte, die ebenfalls weiß iſt.   Am
                    G   Fuße

e) Die Undurchſichtigkeit allein ſcheint unſre Schnecke von
    derjenigen zu unterſcheiden, die der Ritter von *Linne* an
    den angeführten Stellen beſchreibt.

Fuße der Mauern und alter Bäume, im Moos und auf den Steinen wird diese Schnecke gewöhnlich angetroffen. Sie ist hier sehr gemein. Von ihrer Bildung hat sie den Nahmen der Unvergleichlichen erhalten, weil ihre Gewinde in einer Richtung gedreht sind, die der gewöhnlichen ganz entgegen gesezt ist. Hiedurch allein unterscheidet sie sich von dem Widerspiel der Unvergleichlichen, (Antinompareille) welche wir in der XVIIIten Nummer beschrieben haben. Außerdem besteht die gegenwärtige aus 10 Windungen; da man hingegen an der vorigen nur neune zählen konnte.

XXIV. Gattung.

Das linksgedrehte Fäßchen oder Bienenkörbchen.

Turbo obtusus perversus.   l'Anti-Barillet.

3½ Linie lang.   1½ Linie breit.

Cochlea, testâ subcylindraceâ, obtusâ, labro albo reflexo, ore quadridentato, spiris octo sinistrorsis.

Diese Schnecke ist gelblich, ziemlich glatt und hart. Ihre Figur ist Walzenförmig und endigt sich oben in eine

ganz

ganz stumpfe Spitze, fast wie das große Bienenkörb=
chen, (No. XIX.) dem sie sehr ähnlich sieht. Sie be=
steht aus acht Gewinden. Ihre eyförmige Mündung ist
ein wenig zusammengeschnürt, hat einen weißen dicken
Rand, und in der Oefnung selbst vier weiße Zähne, wo=
von einer oben, zween zur Rechten neben einander und ein
größerer zur Linken zu sehen ist, wenn man die Mündung
vor sich und die Spitze in die Höhe hält.

Eben die Orte, wo sich die vorige Schnecke aufhält,
liefern uns auch diese. Da sie dem Bienenkörbchen
gleicht, ihre Windungen aber in gegenseitiger Richtung,
oder von der Rechten nach der Linken dreht; so haben wir
sie das **linksgewundne Fäßchen oder Bienenkörbchen**
genennet.

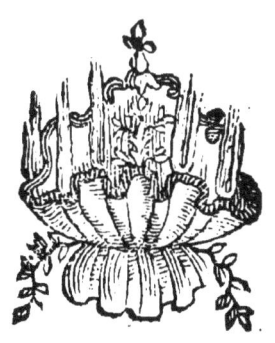

Zwey=

Zweytes Geschlecht.

Spitzhörner, Trompetenschnecken.
Buccina.   Buccins.

Charakter.

Das Thier hat 2 platte ohrenförmige Fühlhörner.
Die Augen sitzen unten an der innern Seite derselben. *)
Das Gehäuße besteht aus einer einzigen Kegelförmigen Schaale.

Wir haben in den Gegenden um Paris nicht mehr als
drey Gattungen von Trompetenschnecken kennen ge-
lernt, welche alle drey Waßerschnecken sind, nur bloß im
Waßer leben können, und bald darauf umkommen müs-
sen, wenn man sie aus ihrem Element heraus genommen.

Die

---

*) So wie alle Schnecken mit 4 ungleichen Fühlhörnern, wo-
von die größten die beyden Augen oben auf ihren Knöp-
fen tragen, zu den Erdschnecken gehören: eben so kann
man sicher schließen, daß fast jede Schnecke, die nur zwey
Fühlhörner und die Augen unten am Ursprung derselben
sitzen hat, es sey an der innern oder äußern Seite, zuver-
läßig eine Flußschnecke sey. Die Figur dieser beyden
Fühlhörner und die Lage der Augen, bestimmen die
Charaktere der unterschiedenen Geschlechter.

Die Bewohner dieser Gehäuße sehen den Schnecken ziemlich ähnlich; doch unterscheiden sie sich von ihnen durch einige wesentliche Merkmale. An statt daß die eigentlichen Schnecken vier Fühlhörner an ihrem Kopfe zeigen, haben die Trompetenschnecken oder Spitzhörner nur zwey Fühlstangen, die auch in Ansehung der Gestallt merklich von den Fühlhörnern der Erdschnecken abweichen. Sie sind nicht rund, wie bey diesen, sondern breit und platt, fast wie die Ohren der vierfüßigen Thiere. Man könnte sagen, daß diese Thiere (die Bewohner der Spitzhörner) zwey kleine Ohren am Kopfe hätten.

Der andere Unterschied besteht darinn, daß die Augen der Spitzhörner nicht oben an der Spitze der Fühlhörner sitzen, wie bey den Erdschnecken; sondern unten an der innern Seite ihres Ursprunges. Bey dem einen Geschlecht so wohl, als bey dem andern, sind es wirkliche Augen, und man wird leicht glauben, daß die Schnecken, deren Augen von einer Art hoher Stangen getragen werden, viel beßer müßen sehen können, als die Spitzhörner, deren Augen am Ursprung ihrer Fühlhörner, und zwar an der innern Seite derselben angebracht sind, durch welche Stellung sie im Sehen stark gehindert werden. Oft müßen ihre breiten Fühlhörner ihnen den Anblick der Gegenstände ganz unmöglich machen.

Die Spitzhörner sind Zwitterthiere, wie die Schnecken; doch geschieht ihre Begattung nicht auf gleiche Art. Wenn ihrer nur zwey sind, ist die Befruchtung

G 3 nur

nur einfach. Ein Thier vertritt alsdann die Stelle des Männchens, das andere, die Stelle des Weibchens. Die Lage ihrer Geschlechtstheile erfordert es also und macht bey ihnen die wechselsweise Befruchtung unmöglich. Kömmt aber ein drittes Thier dieser Art darzu; so bemächtigt es sich desjenigen, von den zwey erstern, welches die Pflicht des Männchens übernommen hatte, paart sich mit ihm und unterzieht sich eben derselben Pflicht, so daß das mittlere Thier alsdann die Pflichten des Weibchens und des Männchens zugleich, aber mit zwey unterschiedenen Thieren seines Geschlechts verrichtet.

Zuweilen findet man in denen Bächen eine beträchtliche Gesellschaft von Spizhörnern auf solche Weise gepaart, die alle die Stelle des Männchens und Weibchens mit zween Nachbarn zugleich ausfüllen, da indeßen die beyden leztern, die sich an beyden Enden dieses Rosenkranzes befinden, nur als Männchen oder Weibchen allein sich betragen können.

Die Gehäuße der Spizhörner sind alle durch Schneckenförmige Windungen länglich gedreht.

I. Gat:

I. Gattung.

Das große Spißhorn.

Buccinum fluviatile vulgare, majus.   *Le grand Buccin.*

14 Linien lang.   5 Linien breit.

Berl. Mag. IV. B. No. LXXIX*. Das gelbliche zarte Buccinum der ſüßen Waßer, mit 6 Gewinden.

Leßer. §. 58. nnnn. p. 314. Die gelbe Flußſchnecke von ſehr zarter zerbrechlicher Schaale, deren Gewinde in eine lange Spiße ausgehen.

Swamm. Bib. d. N. T. IX. f. 4. Die gemeine Waßerſchnecke. p. 71.

Hanovs S. d. Nat. I. B. p. 574. Tab. 1. f. 5. Die Waßerſchnecke.

Buccinum teſtà oblongà, fuſcà, anfractibus ſenis.

Liſter Angl. T. 2. f. 21. Buccinum longum ſex ſpirarum, omnium fluviatilium & maximum & productius, ſubflavum, pellucidum, in tenue acumen ex ampliſſimà baſi mucronatum. p. 137.

— *Hiſt. Conch.* T. 123. f. 21. Buccinum ſubflavum, pellucidum, ſex orbium, claviculà admodum tenui, productiore.

Aldrov. Teſt. Lib. III. p. 359. n. 3. Turbo laevis in ſtagnis degens.

Bon. Muf. Kirch. Claff. III. f. 392. Buccinula leuiſſi-
ma, teſtae exilis & pellucidae, ſeptem ſpirarum
& mucronis acutiſſimi. p. 475.

Gualt. Buccinum fluviatile teſtâ tenuiſſimâ & fra-
giliſſimâ, primâ, ſpirâ notabiliter ventricoſâ &
elongata, in mucronem acutum ſtatim deſinens,
ſubflavum pellucidum. T. 5. lit. J.

Petiv. Muſ. 82. n. 805. Buccinum fluviatile noſtras
oblongum, majus.

Friſch. Jnf. Pars VIII. T. 7. Die Flußſchnecke mit
ſpitzig zugedrehten Gehäuße. p. 14.

Kleinii Auricula ſtagnorum ſubfiava, pellucida, in tenue acumen ex ampliſſima baſi mucronata.
§. 157. 1. p. 54. Tab. III. f. 69.

Schlott. Turbo fluviatilis major, corpore oblongo
ampullaceo, deſinente in mucronem acutiſſi-
mum, & limacem continens fufcum. *Act. Helv.*
Vol. V. p. 283. Tab. III. B. f. 25. 26.

Linn. S. Nat. §. 612. *Helix ſtagnalis* teſtâ imperforatâ,
ovatâ, ſubulatâ, ſubangulatâ, aperturâ ovatâ.
p. 774.

— *Fauna.* §. 1310. Cochlea teſtâ produ&â cumina-
ta, opacâ, anfra&ibus ſenis ſubangulatis, aperturâ ovatâ. p. 374.

Turbo papyraceus longus *Brückm. Ep. Itin.*

Dieſe

Diese Schnecke, eine der gröſten unter denen um Paris befindlichen Waßerschnecken, iſt braun und öfters ſchwärz‑ lich f) von Farbe; zuweilen helt, durchſichtig und Agt‑ ſteinfarbig. Ihre verlängerte Geſtalt hat zur Benennung einer Trompetenſchnecke g) Gelegenheit gegeben, weil ſie denen Meerſchnecken ähnlich ſieht, die, nach der alten Sage, den Tritonen zu Trompeten ſollen gedienet haben. Sie beſteht aus ſechs Windungen, deren erſte viel weiter, als die übrigen iſt, und einen ſtarken Bauch bildet. Die übrigen laufen immer enger zuſammen und machen einen langen ſehr ſpitzigen Zopf aus.

Die ganze Schaale iſt mit kaum merklichen Streifen beſezt, und jede Windung hat überdieſes noch einen weißli‑ chen, die Länge herablaufenden Stral, welcher von oben

G 5 bis

f) Zuweilen ganz ſchwarz und glänzend. Dieſe Abänderung heißt darum bey einigen der Rabe; Auricula ſtagnorum nitide aetra Kleinii, Corvus Leſſeri &c. Wir haben ſie im Berl. Mag. IV. Band No. LXXXI* ausführli‑ cher beſchrieben und in den hieſigen Seen ſelbſt gefunden.

g) Die Buccina des Meeres haben von einigen den Nahmen der Trompeten‑ oder Poſaunenſchnecke, von andern den Nahmen der Kinkhörner, Sauße‑oder Blaſehörner er‑ halten. Die Urſachen aller dieſer Benennungen und den Grund, warum wir die, ſo auf der Erde und in ſüßen Waßern gefunden werden, lieber Spitzhörner genennt ha‑ ben, kann man im III. B. des Berl. Mag. p. 117—119. nachleſen.

bis unten dieselbe durchkreuzet, und eine Windung von
der andern abzutheilen scheint. Dieses Spizhorn ist
in Bächen und Teichen sehr gemein.

II. Gattung.

Das kleine Spitzhorn.

Buccinum vulgare minus.   *Le Petit Buccin.*

3¼ Linie lang.   1½ Linien breit.

Berl. Mag. IV. B. No. LXXXII*.   Das kleine
Spizhorn mit 6 Gewinden.

Buccinum, testâ oblongâ fuscâ, anfractibus quinque.

Lister. Angl. T. 2. f. 22. Buccinum minus, fuscum,
sex spirarum, ore angustiore. p. 139.

Petiv. Muf. p. 82. n. 306. Buccinum fluviatile no-
stras, oblongum, minus.

Gualt. Buccinum flavum oblongum, ore angusto,
fuscum, sex spirarum. T. 5. E.

Linn. S. Nat. §. 612. *Helix stagnalis minor.* p. 774.

— *Fauna.* §. 1310. α) Cochlea testâ productâ, cu-
minatâ &c. *Variatio minor.* p. 375.

— *Acta Upf.* 1736. p. 41. n. 21. Cochlea testâ productâ, acuminatâ, striatâ, cinereo-alba.

Man

Man kann dieser Gattung von Spitzhörnern die Aehnlichkeit mit der vorhergehenden nicht streitig machen. Allein,
außer daß sie wohl vier bis fünfmal kleiner ist, hat sie
noch folgende sehr unterscheidende Merkmale an sich:

1.) Hat sie niemals mehr, als fünf Windungen, ob
gleich Lister deren sechse angegeben; welches vielleicht den Ritter von Linne zu dem Irrthum ver-
leitet hat, sie mit der vorhergehenden Gattung zu
verwechseln.

2.) ist ihre Schaale nicht so zerbrechlich und zart, als
beym großen Spitzhorn No. 1.

3.) ist sie im Verhältnis ihrer Größe nicht so lang gedreht, und ihr Zopf ist weniger spitzig. Hingegen
ist der untere Theil derselben nicht so breit und die
Mündung nicht so groß, als an der vorhergehenden.

Dieser Unterschied beweißt hinlänglich, daß dieses Spitzhorn mit dem großen nicht einerley sey. Man findet
es gemeiniglich in den Bächen und Teichen.

✶✶✶✶✶✶✶✶✶✶✶✶✶✶✶✶✶✶✶

III. Gattung.

Die Wurzel. Das bauchige Spitzhorn.

Buccinum ampullaceum,   *Le Radix.*   *Le Buccin*
     Radix dictum.   *ventru.*

8 — 9 Linien lang.   7 Linien breit.

Berl Mag. IV. B. No. CVI*. Die weitmündige
durchsichtige Bauchschnecke mit 4 Gewinden.

Bucci-

Buccinum, teſtá diaphaná, mucrone acuto, breuiſſimo, aperturá ampliſſimá, anfraſtibus quatuor.

Liſter. Angl. T. 2. f. 23. Buccinum pellucidum,
flavum, quatuor ſpirarum, mucrone acutiſſimo, teſtae aperturá omnium maximá. p. 139.

— *Hiſt. Conch.* T. 123. f. 32. Idem nomen.

— *Exerc. anat.* 2. p. 54. Buccinum fluviatile pellucidum, ſubflavum, quatuor ſpirarum, mucrone acuto, teſtae aperturá patentiſſimá.

Petiv. Muſ. p. 83. n. 807. Buccinum fluv. noſtras,
breue, ore patulo.

Gualt. T. 5. lit. G.

Klein. Auricula ſtagnorum pellucida, quatuor ſpirarum, mucrone acutiſſimo, teſtae aperturá omnium maximá. §. 157. f. 11. p. 55.

Schlotterb. Turbo fluviatilis ventricoſus, nonnihil
globoſus, mucrone breuiſſimo & acutiſſimo.
Aſt. Helv. Vol. V. p. 283. Tab. III. B. f. 27. 28.

Argenv. Conch. Pl. 27. n. 7. f. 4. *Conque ſpherique* ou
Tonne d'un blanc de lait avec une pointe très-de-
licate, de la Riviere des Gobelins. Quelques
uns l'appellent *Buccin ventru.* p. 330.

Argenv.

Argēnv. Zoomorph. Pl. 8. f. 6. Ce *Buccin ventru* eſt fort mince, a une ouverture très-large & terminée par un capuchon crénelé, avec un oeil qui lui ſert de volute. Il y en a de griſes, de noires & de verdies, par le limon de l'eau. On le trouve egalement dans la riviere des Gobelins & dans la Marne. p. 75.

Linn. S. Nat. §. 617. *Helix auriculavia*, teſtà imperforatà, ovatà, obtuſà, ſpirà acutà, breuiſſimà, aperturà ampliatà. p. 774.

— *Faun.* §. 1315. Cochlea teſta diaphanà, anfractibus quatuor, mucrone, acuto breviſſimo, aperturà ampliſſimà. p. 376.

Dieſe Schaale iſt durchſichtig und ſehr zerbrechlich. Sie beſteht aus vier Gewinden. Das lezte oder unterſte ungemein große und weite Gewinde bildet gleichſam einen Bauch, wodurch die Mündung ungewöhnlich groß wird. Die drey übrigen ſind ſehr klein, und machen eine kleine ſcharfe Spitze aus, welche auf dieſen dicken Bauch gleichſam eingepfropft zu ſeyn ſcheinet. Die Lippen des Mundes ſind ein wenig übergebogen. Man findet dieſes etwas ſeltnere Spitzhorn in den Waßern bey den vorhergehenden.

Drit-

❦❦❦❦❦❦❦❦❦❦❦❦❦❦❦❦❦❦

Drittes Geschlecht.

Die Tellerschnecke.*)　St. Huberts= hörnchen.　Posthörnchen.

Planorbis.　Cornu Am-　Planorbe Cornet de St.
monis spurium.　Hubert.

Charakter.

Dieses Geschlecht hat 2 fadenförmige Fühlhörner.
Die Augen sitzen unten an der innern Seite der= selben.

Das Gehäuße besteht aus einer einzigen gewunde= nen, und gemeiniglich platten Schaale.

I. Familie. Tellerschnecken mit niedergedrückter, platter Schaale.

II. Familie. — mit verlängerter Schaale.

III. Familie. — mit eyförmiger oder bäuchichter Schaale.

━━━━━━　━━━━━━

Die

*) Der Nahme Tellerschnecke ist von der Aehnlichkeit herge= nommen, welche einige auf beyden Seiten fast ganz platt gewundne und gedrückte Gehäuße mit einem Teller haben. Er ist hier eigentlich nur für die erste Familie dieses Ge= schlechts paßlich. Bloß die Aehnlichkeit der Bewohner ist der Grund, warum wir ihn auch bey einer pyramiden= förmigen Schraube und einer Bauchschnecke, mit dem gelehrten

Die Tellerschnecken, welche einige Sanct Huberts-
hörner zu nennen pflegen, sind Schaalengehäuße, die aus
vielen, gemeiniglich platten, Windungen bestehen, wie
die Ammonshörner. Der Charakter dieses Geschlechts
ist leicht zu finden. Diese Thiere haben, wie die Trompetenschnecken, nur zwey Fühlhörner, an deren innern
Seite unten die Augen ebenfalls, wie bey jenen Thieren,
zu sehen sind. Allein die Tellerschnecken unterscheiden sich
von den Spizhörnern durch einen andern Charakter, nämlich durch die Gestalt der Fühlhörner. Bey den Spizhörnern sind diese, wie wir oben (p. 66.) erinnert haben, sehr breit und platt, wie Ohren; bey diesem Geschlecht hingegen sind sie dünne, rund und fadenförmig.
Durch dieses lezte Merkmal unterscheiden sich beyde Geschlechter von einander. Auch die Gestalt des Gehäußes
kann hier füglich mit in den Anschlag gebracht werden.
Ueberhaupt sind die Tellerschnecken gemeiniglich platt,
und diese Art macht die erste Familie aus. Indessen ist
diese Figur der Schaale nicht so wesentlich bey den Thieren dieses Geschlechts, daß es darunter nicht sehr abwei-
chende Gestallten geben könnte. Wir kennen zwey dergleichen

gelehrten Herrn Verfaßer, beyzubehalten, genöthigt gewesen. Die Thiere gehören, vermöge ihres wesentlichen
Charakters nothwendig zu einem; Die Gehäuße aber,
wegen ihrer ganz unterschiedenen Figur, allerdings zu drey
ganz unterschiedenen Geschlechtern. Der Gelehrte vereinigt die Bewohner und der Conchyliensammler trennet die
Gehäuße; jeder mit gleichem Rechte.

chen Thiere, wovon das eine eine Schraubenförmige Schaale hat; es macht bey uns die zwote Familie aus. Das andere trägt ein gewölbtes eyförmiges Gehäuße, und wir haben dieses zur dritten Familie gemacht.

Diese beyden Thiere gehören, ohnerachtet des großen Unterschieds ihrer Gehäuße, dennoch zu diesem Geschlecht, weil sie die wesentlichen Merkmale desselben an sich tragen.

Alle Tellerschnecken sind Waßerschnecken und können nirgends, als im Waßer leben. Sie sind Zwitter, und ihre Begattung ist eben dieselbe, wie bey den Spizhörnern. (p. 66. &c.) Wir wollen daher nichts von dem wiederhohlen, was wir oben schon hiervon erinnert haben und was man dort wieder nachlesen kann.

✕✾✕✾✕✾✕✕✾✕✾✕✕✾✕✾✕✕✾✕✾✕✾✕

Tellerschnecken.

I. Familie.

Mit platten Gewinden.

I. Gattung.

Die große Tellerschnecke mit runden Gewinden.

Cornu Ammonis Sparium,   *Le grand Planorbe à*
      maximum.   *spirales rondes.*

8 Linien im Durchmeßer.

Berl. Mag. IV. B. No. LXI*. Das vertiefte Post:
horn, welches die Coccionelfarbe von sich giebt.

Swammerd. B. ö. Nat. T. X. f. 3. 4. Die plat=
te Schnecke. p. 80.

Leßer. §. 41. b. 9. p. 148.

Planorbis testá planá, pullá, supra umbilicatá, anfractibus quatuor teretibus.

Lister. Angl. T. 2. f. 26. Cochlea pulla, ex utráque
parte circa umbilicum cava. p. 143.

— *Hist. Conch.* T. 137. f. 41. Cochlea f. Purpura
lacustris Coccum fundens. Angl.

— *Exerc. Anat.* 2. p. 59. Purpura f. Cochlea fluviatilis, cumpressa, major.

Gualt. T. 4. DD.

Kleinii Serpentulus, ore fimbriato, quatuor ordi-
num. §. 21. l. p. 9.

         Geue

Geve T. XXX. f. 19.

Argenv. Conch. Pl. 27. f. 8. Planorbe grisâtre tache-
té de brun, auec une volute bien marquée &
ouverte qui excede en forme de levres. Il est
tiré du Rhin. p. 330.

— *Zoom.* Pl. 8. f. 7. *Le grand Planorbe* à quatre spirales rondes. p. 75.

Linn. S. Nat. §. 587. *Helix cornea*, testâ suprâ umbilicatâ, planâ, nigri cante, anfractibus quatuor
teretibus. p. 770.

— *Muſ. R. V.* p. 665.

— *Fauna.* §. 1304. Cochlea testâ planâ pullâ, supra umbilicata, anfractibus 4 teretibus. p. 373.

———————

Diese Schaale hat vier Windungen, welche sich nicht in
einer Schneckenform, wie die andern Geschlechter der
Schnecken erheben, sondern sich um sich selbst herum wi-
ckeln, wie die meisten Gehäuße dieses Geschlechts. Diese
Windungen sind cylindrisch und die Ränder der Schaale
rund. Die Schaale selbst ist von dunkler Farbe, ein wenig durchsichtig, leicht gestreift, oft mit einer Art von
Schlamm überzogen und ein wenig glänzend, wenn man
sie gereinigt hat. Unten ist sie beynahe ganz platt, wie
die Ammonshörner; oben ist sie vertieft, und bildet da
einen

einen sehr hohlen Nabel. Man findet sie gemeiniglich in kleinen Bächen und Teichen.

Der Bewohner ist ganz schwarz, und wenn man ihn aufschneidet, so bringt eine hochrothe Feuch-tigkeit heraus.

II. Gattung.

Die kleine Tellerschnecke mit 5 runden Windungen.

Cornu Ammonis spurium, *Le Petit Planorbe à cinq*
minus. *spirales rondes.*

1½ Linie im Durchmeßer.

Berl. Mag. IV. B. No. LXIV*. Das kleine plat-te Posthörnchen mit 5 Gewinden.

Planorbis testâ planâ, albâ, utrinque concava, anfractibus 5 teretibus.

Linn. S. Nat. §. 588. *Helix spirorbis,* testâ utrinque concavâ, planâ, albidâ, anfractibus quinque teretibus (magnitudine seminis Anethi.) p. 770.

— *Faun.* §. 1305. p. 373. Idem nomen.

— *Acta Upf.* 1736. p. 40. n. 2. Cochlea testâ depreßâ, utrinque subaequali, spirâ tereti.

Die Farbe dieser Gattung von Schnecken ist weißlicht.
Sie ist platt, so wohl oben als unten ein wenig vertieft,
und besteht aus fünf Windungen, welche man auf einer
Seite so deutlich, als auf der andern sehen kann. Die
Gewinde sind rund, wie die Mündung. Man findet
sie in den Teichen.

III. Gattung.
Die kleine Tellerschnecke mit 6 runden Windungen.

Cornu Ammonis spurium,   *Le Petit Planorbe à six*
exigium, spiris 6 ad   *spirales rondes.*
proximam compressis.

$1\frac{1}{4}$ Linie im Durchmeßer.

Berl. Mag. IV. B. No. LXV*. Das kleine sechsmal gewundne Posthörnchen.
Planorbis testâ fuscâ, supra planâ, subtus concavâ, perforatâ, anfractibus sex teretibus.

Diese kleine Art ist oben platt, unten vertieft, mit einem
eingedrükten und in der Mitte durchbohrten Nabel, so,
daß man unten nur zwo Windungen sehen kann, welche
ziemlich breit erscheinen. Oben aber zählt man sechs Gewinde, die alle sehr dichte an einander gedrükt sind. Diese Gewinde sind rund, wie bey den vorigen Gattungen,
ohne

ohne Abschnitt oder Rand. Die ziemlich senkrechte Mündung bildet eine Figur, wie der zunehmende Mond. Die Schaale ist braun und man findet sie im Waßer bey andern Tellerschnecken. Sie ist aber etwas seltsam.

✲✲✲✲✲✲✲✲✲✲✲✲✲✲✲✲✲✲✲✲✲

IV. Gattung.

Die Tellerschnecke mit 4 Windungen und einem Rande.

Cornu Ammonis spurium, marginatum spiris quatuor.

Le Planorbe à quatre spirales à arète.

6 Linien im Durchmeßer.

Berl. Mag. IV. B. No. LXII*. Das gelbliche platte Posthörnchen mit 4 Windungen und einem scharfen Rand.

Swamm. B. d. Nat. Tab. X. f. 5. Die kleine platte Schnecke. p. 81.

Leßer. §. 41. b. m. p. 146. u. 148.

Lister. Angl. T. 2. f. 27. Cochlea fusca, alterâ parte planior & limbo insignita, 4. spirarum. p. 145.

— *Hist. Conch.* Tab. 138. f. 42. Cochlea fusca, limbo circumscripta.

Petiv. Gazoph. 16. T. X. f. 11. Planorbis minor fluviatilis, acie acutâ.

Gualt. T. 4. EE. Cochlea fluviatilis depreſſa, alte-
rà parte complanata & limbo inſignita, 4. ſpi-
rarùm.

Klein. Cornu Ammonis ſpurium. §. 12. 2. p. 5.
Tab. I. f. 8.

Linn. S. Nat. §. 578. *Helix Planorbis* teſtà ſubcarinatà,
umbilicatà, planà, ſupra concavà, aperturà ob-
lique ovatà, utrinque acutà. p. 779.

— *Faun.* §. 1306. Cochlea teſtà planà, fuſcà, ſupra concavà, anfractibus quatuor, margine
prominulo. p. 373.

Cel. *Auct.* idem nomen allegavit.

Dieſes Gehäuße iſt platt, und in der Mitte ſo wohl un-
ren, als oben ein wenig eingedrückt. Es iſt ſchwarz, ſo
lange das Thier lebt; ſo bald aber dieſes aus der Schaale
herausgenommen worden, iſt ſie durchſichtig, hornfarbig
und mit kleinen Streifen verſehen, welche ſchreg über die
Gewinde herüber laufen. Man zählt an der Schaale vier
Windungen, zuweilen auch fünfe, wovon die mittelſte
ſehr klein und oft noch unvollſtändig iſt. Die äußere
Windung hat in ihrer Mitte einen ſcharfen Rand, welcher ſich um die ganze Schaale herum zieht. Die Mündung iſt eyförmig, und auf beyden Seiten ein wenig
ſcharf.

ſcharf. Sie lauft ſchreg nach unten zu, und ihr oberer Rand iſt länger, als der untere. Man findet dieſe Schnecke in Moräſten, Teichen und Flüßen.

* *

V. Gattung.

Die ſechsfach gewundne Tellerſchnecke mit einem Rande.

Cornu Ammonis ſpurium, margi-   *Planorbe à ſix ſpira-*
natum 6 orbibus abſolutum.   les, à arrête.

3 Linien im Durchmeßer.

Berl. Mag. IV. B. No. LXIII*.   Das hellgraue Poſthörnchen mit 5 — 6 Gewinden und einem ſcharfen Rand.

Planorbis teſtâ planâ, fuſcâ, ſupra concavâ, anfraktibus ſex, margine acuto.

Liſter. Angl. T. 2. f. 28. Cochlea exigua ſubfuſca, altera parte planior, ſine limbo, quinque ſpirarum. p. 145.

— *Hiſt. Conch.* T. 138. f. 43. Cochlea exigua quinque orbium.

Gualt. Cochlea fluviatilis exigua, depreſſâ, alterâ parte planior, ſubflava, ſine limbo, 5 ſpirarum. Tab. 4. GG.

Klein.

Klein. Cornu Ammonis ſpurium. §. 12. n. 3. p. 5.
Tab. 1. f. 9.

Linn. S. Nat. §. 583. *Helix vortex*, teſtâ carinatâ
planâ, ſupraconcavâ, aperturâ ovali. p. 770.

— *Faun.* §. 1307. Cochlea teſtâ planâ fuſcâ, ſuprâ
concavâ, anfractibus quinque, margine acuto.
p. 374.

___

Man findet zwiſchen dieſer Art und der vorhergehenden
in Anſehung der Farbe und Geſtalt viel Aehnlichkeit: allein außer dem, daß ſie viel kleiner iſt, hat ſie auch weniger Streifen und mehr Windungen, gemeiniglich ſechſe.
Ueberdies ſizt der Saum des äußern Gewindes nicht ſo
genau in der Mitte deſſelben, als bey der vorigen Gattung. Er bildet hier den untern Rand, worauf die
Schaale ſich ſtüzet. Wo man die vorigen Tellerſchnecken
ſuchen muß, da trift man zugleich auch dieſe an.

VI. Gattung.

Die dreyfach gewundne Tellerſchnecke mit einem Rande.

Cornu Ammonis ſpurium margi-   *Planorbe à 3 ſpirales à*
natum 3 orbium.   *arrête.*

2 Linien im Durchmeßer.

Berl. Mag. IV. B. No. LXVII*. Das kleine Poſthörnchen mit 3 Gewinden.

Planor-

Planorbis testâ plana, subtus concavâ, anfractibus tribus deorsum marginalis.

Linn. S. Nat. §. 579. *Helix complanata*, testâ deorsum,
umbilicatâ, convexâ, subtus planâ, aperturâ
semicordatâ. p. 769.

— *Faun.* §. 1308. Cochlea plana, supra convexa,
subtus concava, anfractibus 4 deorsum marginatis. p. 374.

Diese Gattung hat noch eben die Gestalt und Farbe, wie
die vorhergehenden, sie ist aber kleiner und ihre 3 bis 3½
Windungen sind viel dicker. Die Schaale ist unten und
oben ein wenig vertieft. Die äußere Windung hat einen
hervorstehenden scharfen Rand, der ganz unten am Gewinde anzutreffen ist, wodurch diese Seite des Gewindes
ganz platt gemacht wird. Man hat diese Schnecke
bey den vorigen zu suchen.

VII. Gattung.

Die rauhe, sammtartige Tellerschnecke.

Cornu Ammonis exiguum,   *Le Planorbe Velouté.*
      hispidum.

2 Linien im Durchmeßer.

Cochlea testâ planâ, subvillosâ, subtus concavâ,
anfractibus tribus in medio marginatis.

Man

Man zählt an dieser kleinen Tellerschnecke brey Gewinde. Sie ist oben platt und unten vertieft, mit leichten Strichen in die Länge und in die Quere gestreift. Das äußere Gewinde hat einen Rand, aber gerade in der Mitte, und nicht, wie bey der vorhergehenden, am untern Ende derselben. Dieses äußere Gewinde ist viel stärker, als die beyden andern, die sehr klein in die Augen fallen. Die Mündung ist eyförmig und schreg. Sie dehnt sich mehr nach der untern Seite. Als etwas sonderbares bemerkt man an dieser Schnecke, daß sie etwas rauh, und mit kurzen Haaren besezt ist; daher sie auch niemals glatt und glänzend aussieht. Sie ist mit den vorhergehenden im Waßer gefunden worden.

VIII. Gattung.

Die Ziegelförmig geschuppte Tellerschnecke.

Cornu Ammonis spurium, imbricatum.   *Le Planorbe tuilé.*

2½ Linie im Durchmeßer.

Rösel. Insekt. III. Th. Tab. 97. f. 6. 7.

Planorbis testâ planâ, subtus concavâ, anfractibus tribus, plicis transversis fimbriatis.

Das

Das Gehäuße ist durchsichtig und an Farbe so blaß, als
Horn. Es ist oben platt und unten eingedrükt. Man
zählt daran drey Gewinde, deren äußerstes viel größer,
als die andern, und mit erhabnen Querfalten besetzt ist,
die eine Art von verlängerten Blättern vorstellen, welche
sich nach dem Rande der Schnecke zu viel größer und so
übereinander geschoben darstellen, daß sie denen über einander liegenden Dachziegeln gleich sehen. Diese Schnecke
ist rar. Man findet sie in dem kleinen Fluß
Biebre.

II. Familie.

Tellerschnecken 2) mit verlängerter Schaale.

IX. Gattung.

Die schwarze schraubenförmige Tellerschnecke.

Turbo ater, *circulis albis*   *Le Planorbe en vis.*
notatus.

2 Linien lang.   ⅔ Linien breit.

Berl. Mag. IV. B. No. XC.   Die schwärzliche
Schraubenschnecke mit weißen Reifen.

Planorbis, testá nigricante, productá, oblongá,
anfractibus septem, quadratis, marginatis.

Argenv.

Argenv. Zoom. Pl. 8. f. 4. Cette Vis eſt de toutes les Coquilles fluviatiles la plus difficile à trouver; cependant il s'en rencontre dans la Seine, dans la Marne & dans la Riviere des Gobelins. La Coquille eſt faite en eſcalier formant un pyramide, dont les contours ſont ſimples, marqués ſeulement d'une ligne blanche. Sa bouche applatie la diſtingue de celle du Buccin, qui ſe trouve ſur le côté. p. 74.

———

Dieſe rare und ſonderbare Gattung iſt ſchwarz von Farbe. Ihre Gewinde, die gerade übereinander ſtehen, geben ihr das Anſehen einer Schraubenſchnecke. Dieſe Windungen, deren man in allen ſieben zählen kann, ſind viereckicht. Sie haben ihren obern und untern Rand und ſehr bemerkliche Winkel. Das Ganze der Schaale ſieht etwas unregelmäßig aus, obgleich die Windungen in richtigem Verhältnis abnehmen; weil einige, beſonders die beyden oberſten und kleinſten, nicht recht gerade über einander ſtehen. Unten hat die Schaale einen kleinen Nabel und die ſchrege Mündung hat etwas von einer weißen Einfaßung.

Dieſe Tellerſchnecke iſt bisher nur ein einzigmal im kleinen Fluß Bievre von Herrn Juſſieu gefunden worden, der mir erlaubt hat, ſie abzeichnen zu laßen und eine Be-

ſchrei-

schreibung davon zu machen. Nach eben dieser Zeichnung, die ich davon verfertigen laßen, ist sie in dem Werke des verstorbenen Herrn von Argenville gestochen worden. Die Abzeichnung des Bewohners, die er beygefügt, ist nach der Vorstellung gemacht worden.

❈❈❈❈❈❈❈ ✤ ❈❈❈❈❈❈❈

X. Gattung.
III. Familie.
Tellerschnecken 3) mit gewölbter und bauchichter Schaale.
X.
Die Waßerblase.

Bulla fontinalis.   *La Bulle aquatique.*

2 Linien lang. 1½ Linie breit.

Berl. Mag. IV. B. No. CVIII*. Die kleine linksgewundne Bauch = oder Kahnschnecke, mit 3 Windungen.

Planorbis, testâ fragili, pellucidâ, globosâ, anfractibus quatuor siniftrorsis.

Lister. Angl. T. 2. f. 25. Buccinum exiguum trium spirarum, à siniftrâ in dextram convolutarum. p. 142.

— *Hist. Conch.* Tab. 134. f. 34. Buccinum fluviatile, à dextrâ siniftrorsum tortile, trium orbium s. neritoides.

Adanson.

Adanson. Bulinus. le Bulin *) Pl. 1. p. 5.

Linn. S. Nat. §. 340. *Bulla fontinalis*, teftà ovatà, pellucidà, finiſtrorſà, ſpirà obſoletà, aperturà ovato-oblongà. p. 727.

— *Fauna.* §. 1302. Cochlea teftà pellucidà, flavà, ovatà, ventricoſà, finiſtrorſà, aperturà ovatà, oblongà, longitudinali, ſpirà introductà. p. 372.

— *Acta Upſ.* 1736. p. 41. n. 23. Cochlea teftà flavà, pellucidà, acuminatà rictu obliquo.

— *Weſtg. R.* p. 59. Bulla fontinalis.

———————

Die Form dieſer Gattung entfernt ſich noch weiter von der Figur der übrigen Tellerſchnecken, als die vorherge‑ hende. Sie ſieht einem Ey ähnlich. Man bemerkt an ihr vier Windungen; allein die unterſte iſt viel größer, als die andern, und macht faſt allein die ganze Schaale aus. Die drey oberſten, die an dieſer erſten ſitzen, ſind ſehr klein. Die Schaale ſelbſt iſt ungemein dünne und durchſichtig. So lange das Thier darinne lebt, ſieht ſie ſchwärzlich aus, weil der durchſcheinende Leib des Thieres ſchwarz

*) Ce petit Coquillage vit communement ſur la lentille de marais & ſur le Lemma, dans les Marais & les Etangs de Podor. Pendant ſa vie l'animal nage presque con‑ tinuellement a fleur d'eau & après ſa mort ſa coquille flotte comme une petite *Bulle d'air transparente.*

schwarz ist. Eine andere Seltenheit dieses Gehäußes ist, daß es unter die Zahl der einzigen (uniques) gehört, deren Gewinde eine gegenseitige Richtung haben und von der Rechten nach der linken gedrehet sind.

Wenn das Thier noch lebt, so streckt es im Kriechen eine an den Rändern eingekerbte Haut aus der Schaale hervor, womit es ¾ Theile derselben bedekt. Wir haben sie die Waßerblase genennt, wegen ihrer rundlichen Gestalt und Durchsichtigkeit, wodurch sie einer Waßerblase ähnlich wird. An Größe ist sie sich nicht immer gleich. Es giebt dergleichen Blasen, die fast zweymal so groß, als andere sind. Sie lebt um Paris in den Bächen und Morästen.

Vier=

Viertes Geschlecht.

Neriten. Schwimmschnecken. Fischmäuler.
Nerita.   le Nerite *)

Charakter.

Sie haben 2 Fühlhörner.

Die Augen sitzen unten, an der äußern Seite der=
selben.

Das einfache Gehäuße hat einen Deckel und ist bey=
nahe Kegelförmig gewunden.

―――――――

Die Neriten sind lauter Waßerschnecken, bis auf die er=
ste Gattung, die zierlich gestreifte, welche sich auf dem
Lande nährt. Diese Thiere sind keine Zwitter, wie die
Schnecken,

*) Man muß sich bey der allgemeinen Benennung dieses Ge=
schlechts nicht einfallen laßen, lauter solche Gehäuße da=
runter zu suchen, die, wie die Neriten anderer Schriftstel=
ler, eine starke, dicke, gewölbte Schaale mit halbmondför=
miger bedeckter Mündung und statt der übrigen Gewinde,
ein kleines Auge (oeil de la volute) haben; sondern man
muß, so bald man die Geschlechtscharaktere von den Be=
wohnern selbst hernimmt, auch einigen langgewundnen
Schnecken, mit Mondförmiger und bedekter Mündung,
hier eine Stelle einräumen, weil hier die Form der Ge=
häuße allemal nur ein zufälliger Charakter bleibt.

Schnecken, Spizhörner und Tellerschnecken, von
welchen wir bisher geredet haben.   Sie sind dem Geschlecht nach unterschieden.   Einige sind Männchen, andere Weibchen.   Ihr Charakter ist, zwey Fühlhörner
zu haben, wodurch sie sich von den Schnecken (Cochleae)
unterscheiden, die mit vieren versehen sind; und zwey
Augen am Ursprung dieser Fühlhörner, aber an der äus-
sern Seite; worinn sie von den Spizhörnern und Tellerschnecken abweichen, deren Augen an der innern Seite
sißen.

Noch ein ziemlich wesentlicher Charakter dieses Geschlechts ist ihr Deckel, oder eine kleine Platte, von eben
der Natur, wie die Schaale, worauf man Spuren gewißer Schneckenlinien sieht, und der zur genauen Verschließung des Gehäußes dient.   Durch diesen Charakter
scheint gegenwärtiges Geschlecht, wie Herr Adanson sehr
wohl angemerkt hat, sich den zweyschaalichten Conchylien
zu nähern.   Obgleich dieser Deckel angezogen ist, und
das Gehäuße verschließt; so ist doch der Männliche Ge-
schlechtstheil auswärts, nahe am Halse, immer ein wenig
sichtbar, ausgenommen bey der lebendig gebährenden
Schnecke, an welcher dieser Theil verborgen bleibt und
sich in eines von den Fühlhörnern versteckt; daher bey
den Männchen dieser Gattung ein Fühlhorn immer dicker
ist, als das andere, wodurch man sie beym ersten Anblick
von ihrem Weibchen unterscheiden kann.

J   Alle

Alle diese Neriten legen Eyer, (oviparae) die einzige Gattung ausgenommen, die wir darum die lebendig gebährende (vivipara) genennt haben, weil sie lebendige Junge hervorbringt, die aus dem Leibe der Mutter schon mit kleinen Schaalen heraus kommen. In der Beschreibung der Gattungen wird man sehen, was eine vor der andern bemerkenswürdiges an sich hat; als den schönen Federbusch der mit Federn gezierten Nerite und die schönen Farben der Flußnerite.

I. Gattung.

Die zierlich gestreifte Nerite.

Cochlea, operculo testaceo   *l' Elegante striée.*
        donata.

5 Linien lang.   4 Linien breit.

Berl. Mag. II. B. p. 604. No. VII. Tab. 1. f. 4. 6.
Die feingestreifte Deckelschnecke.

Nerita, testâ oblongâ, cinereâ, densissime striatâ, maculis rufescentibus, anfractibus quinque.

Lister. Angl. T. 2. f. 5. Cochlea cinerea, interdum leviter rufescens, striata, operculo testaceo cochleato donata. p. 119.

Colum.

Colum. Purp. C. 9. p. 18. Cochlea terreftris turbinata & ftriata.

Argenv. Conch. T. 28. f. 12. *l'Elegante ftriée* à cinq
tours rayés qui forment une clavicule élevée
d'une confiftance épaiffe & d'une couleur d'un
jaune pâle. p. 339.

— *Zoom.* Pl. 9. f. 9. On compte fur la robe de
l'Elegante ftriee quatre tours de couleur d'un gris
clair avec des bandes pointées en brun. Sa fpi-
rale eft élevée & fa bouche eft très - ronde.
p. 82.

—————————

Diefes Gehäuße ift länglicht gedreht, in Geftallt einer
Pyramide, die eine breite Grundfläche hat. Sie befteht
aus fünf Windungen, wovon die zwo oberften fehr klein
find. Man bemerkt an ihr äußerlich fehr dichte Quer-
ftreifen, die von einigen in die Länge gezognen durchkreuzt
werden. Sie ift afchenfarbig, mit braunen, röthlichen
länglichen Flecken befprengt, welche wie querlaufende
Stralen ausfehen. Wenn aber das Thier tod ift und die
Schaale eine Zeitlang leer auf der Erde gelegen hat; fo
verfchwinden diefe Flecken, und die ganze Schaale fieht
alsdann afchenfarbig aus. Zuweilen find auch die Streifen mehr oder weniger merklich. Die Oefnung der Schaa-

le ist fast rund, ohne Lefzen und Saum. Der Deckel der sie schließt, sieht wie gewunden aus.

Man findet diese Schnecke in feuchten Waldungen und es ist die einzige dieses Geschlechts, die nicht zu den Waßerschnecken gehöret.

✦✕✕✕✕✕✕✕✕✕✕✕✕✕✕✕✝✕✕✕✕✕✕✕✕✕✕✕✕✕✕✦

II. Gattung.

Die lebendig gebährende Schnecke mit Banden.

Cochlea vivipara fasciata. La Vivipare à bandes.

8 Linien lang. 7 Linien breit.

Berl. Mag. IV. B. No. LII*. **Die große lebendig gebährende Waßerschnecke mit Banden.**

Swammerd. B. d. N. Cochlea vivipara. p. 78.

Leßer. §. 45. z. Die Erdschneckenförmige Waßerschnecke mit braunen Banden. p. 164. *)

Nerita, testâ oblongâ, subviridescente, fasciis tribus lividis, anfractibus quinque.

Lister. Angl. T. 2. f. 18. Cochlea fluviatilis maxima, fusca, f. nigricans, fasciata, cujus calix operculo testaceo cochleato clauditur. p. 133.

— *Hist. Conch.* T. 126. f. 26. Cochlea fluviatilis vivipara, fasciata.

Lister.

*) **Oek. phys. Abh.** VIII. **Die Deckelschnecke. Die Wunderbare.** p. 787.

Lister. Exerc. anat. 2. Tab. 2. p. 17. Cochlea maxima viridefcens, fafciata, vivipara.

Petiv. Muf. 54. n. 814. Cochlea fluviatilis vivipara
Londinenfis.

Gualt. Buccinum fluviatile fufcum f. nigricans, fa-
fciatum, 5 orbibus praeditum. T. 5. lit. A.

Klein. Saccus ore integro f. Cochlea vivipara, fafciata, rugofa. §. 121. II. 3. p. 43.

Argenv. Zoom. Pl. 8. f. 2. Limaçon à bouche ronde. Sa couleur tire fur le gris cendré avec
quelques bandes noirâtres qui l'environnent.
On comte quatre tours en tout fur fa coquille
fans l'oeil de fa volute. p. 73.

Linn. S. N. t. 603. *Helix vivipara*, teftâ imperforatâ, fubovatâ, obtufâ, corneâ, cingulis fufca-
tis, aperturâ fuborbiculari. p. 772.

— *Faun.* §. 1312. Cochlea teftâ oblongiusculâ,
obtufâ, anfractibus teretibus, lineis tribus lividis. p. 375.

— *Act. Upf.* 1736. p. 40. n. 14. Cochlea teftâ productiore convexâ, fluviatilis.

_____

An

An Gestalt gleicht diese Schnecke der vorhergehenden, bis auf ihre Größe. Sie ist aber viel größer, als jene. Ueberdies hat sie nur wenige, kaum sichtbare Streifen in die Länge, und übrigens ist sie ziemlich glatt. Ihre Farbe ist blaß und fällt etwas ins grünliche. Zuweilen ist sie braun und mit drey dunklern Banden geziert, die mit einander gleich und nach der Richtung der Gewinde laufen. So lange das Thier lebt, ist die Schaale brauner und die Bande sind nicht so hervorscheinend, als wenn die Schaale leer ist. Sie hat eine runde Mündung, ohne Lefzen und Saum, welche durch einen gewundnen Deckel, wie die Mündung der vorhergehenden Schnecken, verschloßen wird.

Diese Schnecke bringt ihre Jungen lebendig zur Welt, an statt daß die übrigen dieses Geschlechts Eyer legen, und daher ist der Grund ihrer Benennung genommen worden. Man findet sie in den Teichen und Flüßen. In der Seine ist sie sehr häufig anzutreffen.

III. Gat=

III. Gattung.

Die kleine bedeckte Waßerschnecke, der Thürhüter. *)

Cochlea operculata minor.   *La Petite Operculée.*
Janitor.

3½ Linie lang.   2⅓ Linie breit.

Berl. Mag. IV. B. No. LVI*.   Die kleine gelbbraune Deckelschnecke mit 5 Gewinden.

Nerita, testâ oblongâ, pellucidâ, cornea, anfractibus quinque.

Lister. Angl. T. 2. f. 19.   Cochlea parva subflava, intra quinque spiras finita. p. 135.

— *Hist. Conch.* T. 132. f. 32.

Gualt. Buccinum fluviatile parvum subflavum, lineis transversis undique signatum, spiris quatuor finitum. T. 5. B.

Schlott. Turbo fluviatilis minor, operculatus, *Janitor* dicendus, coloris fusci, ventre satis protuberante & in mucronem non ita acutum, bre-

J 4   viorem

---

*) Weil diese Schnecke sehr schüchtern zu seyn scheint, nicht weit aus ihrem Gehäuße hervorkriecht und bey der mindesten Besorgniß, sich gleich wieder zurück ziehet und die Thür vest hinter sich zuschließet, so ist sie deswegen von Herrn D. Schlotterbeck der Thürhüter genennt worden.

viorem definente, limace fufco, operculo, ſbi-
nisque tentaculis fili formibus inftructo. *Act.*
Helv. Vol. V. p. 281. Tab. 111. A. f. 19 — 21.

Linn. S. N. §. 616. *Helix tentaculata*, teftâ imperforatâ, obtufâ, impurâ, aperturâ fubovatâ. p. 774.

— *Faun.* §. 1313. Cochlea teftâ oblongâ, obtufâ,
anfractibus quatuor laxis, cinereis, opacis,
aperturâ fubovatâ. p. 376.

— *Acta. Upf.* 1736. p. 41. n. 16. Cochlea paluftris, teftae hiatu rotundo, contracto, fpiris
laxis.

Auch an dieſer Schnecke findet man wieder eben die Bildung, als an der vorigen. Ihre Schaale iſt zerbrechlich,
gelblich, durchſichtig, dem Horn ähnlich, aſchenfarbig,
ſehr glatt und ohne Streifen. Oft iſt ſie mit Schlamm
überzogen, der ſie höckricht macht. Sie hat, wie die
vorigen, fünf Windungen und ihre faſt runde Mündung
iſt ebenfalls mit einem Deckel geſchloßen. Man findet
ſie in Flüßen und ſtehenden Waßern.

IV. Gat-

❦❧❦❧❦❧❦❧❦❧❦❧❦❧❦❧❦❧

IV. Gattung.

Der Federbuschträger, die mit Federn gezierte Nerite.

Cochlea depressa cristata.　　*Le Porte - Plumet.*

1 Linie lang.　1½ Linie breit.

Berl. Mag. IV. No. LIX.

Nerita, testâ ovatâ, lividâ, pellucidâ, subtus perforatâ, anfractibus tribus.

━━━━━━━━━━━━━━━━

Ich finde diese Gattung, die eine der sonderbarsten und artigsten unter diesem Geschlecht, und so gar unter allen Schnecken unsrer Gegend ist, noch nirgends beschrieben. Ihre Schaale ist etwas erhaben, sehr breit, von dunkler durchsichtiger Farbe.　Sie hat nur drey Windungen, und unten ist sie, gegen die Mitte, von einem kleinen Nabelloch durchbohrt.　Im Verhältnis gegen ihrer Größe hat sie eine weite Mündung, die durch einen gewundnen Deckel verschloßen wird.　An der Schaale ist also, wie man siehet, nichts sonderbares zu bemerken: allein wenn man das lebendige Thier beobachtet, und ihm zusieht, wenn es in einem Glas voll Waßer herum schwimmt; so entdekt man, außer den zwey Fühlhörnern am Kopfe, die es mit den Thieren dieses Geschlechts und vielen andern

J 5　　　　　　gemein

gemein hat, ein drittes Fühlhorn an der einen Seite,
welches nicht, wie die übrigen, aus dem Kopf hervor
ragt, ſondern aus der Seite, und welches viel länger und
zarter, als die beyden andern iſt. Das Thier hebt dieſes
dritte Fühlhorn in die freye Luft und bewegt es hin und
her. Ueberdies hat es an der rechten Seite des Kopfs einen großen Federbuſch, der noch länger iſt, als ſeine
Fühlhörner, und welcher von beyden Seiten Wellenför-
mige Zaſern zeigt. (Criſta pennata, pennis undula-
tis.) Dies ſind die Fiſchohren dieſes Thieres, h) welche ihnen zu eben der Abſicht dienen, als den Fiſchen;
nemlich zum Athemholen. Nichts kann artiger ausſehen,
als dieſer Federbuſch, welcher ſich ausſtrecken und zurück
ziehen läßt, und den dieſe Schnecke, wie einen Blumen-
ſtrauß, an der Seite des Kopfes trägt. Um dieſes an-
ſehnlichen Zierrathes willen haben wir ſie auch den Feder-
buſch-

---

h) Fiſchohren. Bronchiae. Brongies, les Ovies ſind diejenigen Theile des Thieres, in welche durch die Luftröhre
das Waßer gebracht wird. Sie ſind ſo wohl einigen
Waßerſchnecken, als beſonders den Muſcheln eigen, und
bey der letztern ſind ſie viel größer, als bey den erſtern.
Man findet ſie bey den Schnecken unter dem Mantel,
dichte am Urſprung der Luftröhre. Sie ſind zärtlich,
weich, wie die dünſte Membrane. Ihre Beſtimmung iſt
unſtreitig, die im Waßer befindliche Luft zur Erhaltung
des Thieres abzuſondern.

buschträger genennt. Man findet sie in den Teichen und kleinen Flüßen, am meisten in dem kleinen Fluß Bievre.

V. Gattung.

Die Flußnerite.

Valvata fluviatilis elegans. — *La Nerite des Rivieres.*

2 Linien hoch. 5 Linien breit.

Berl. Mag. IV. B. No. LXXIII*. Die kleine schuppicht gefleckte Schwimmschnecke.

Swamm. Bib. d. N. T. X. f. 2. Marmorirte Schnecke. Valvata fluviatilis marmorea. p. 80.

Leßer. §. 46. e. f. p. 169.

Nerita teftâ latâ, compaétâ, fcabrâ, é coeruleo virefcenté, aperturâ femiovatâ, anfraétibus duobus.

Lifter Angl. T. 2. fig. 20. Nerita fluviatilis, e coeruleo virefcens, maculatus, operculo fubrufo, lunato & aculeato datus. p. 136.

— *Hift. Conch.* Tab. 141. f. 38. Nomen idem.

Petiv. Muf. p. 67. n. 718. Nerita Thamefis exiguus, reticulate variegatus.

Gualt.

Gualt. Tab. 4. LL. O. Nerita fluviatilis parva, fragilis, fubnigra, candidis punctis adfperfa, cujus varietates ex coeruleo, viridi, candido,
rofeo, fufco & pullo colore diverfimode macu-
latae, punctatae, undatim & reticulatim pictae,
operculo fubrufo lunato & aculeato donatae.

Klein. Vitta è coeruleo virefcens, operculo fubcro-
ceo. §. 55. II. p. 20.

Schellhamm. in Ephem. Nat. Cur. Dec. II. An. VI.
Obf. CXI.

Rappolti Cochlea dorfifera. *)

Argenv. Conch. Pl. 27. f. 3. Nerites, l'une bariolée de gris, l'autre bariolée en zigzag, la troi-
fieme bariolée de rouge. La premiere vient
de la Marne, les autres de la Seine. p. 329.

Argenv.

*) Herr Pr. Rappolt merkt in der oben angezeigten Schrift
als etwas ganz befonderes von diefen Neriten an, daß fie,
wie die Surinamifche Kröte Pipa, ihre jungen auf dem
Rücken trügen und ausbrüteten, welches auch Rumph an
feinem Kothauge (valvata Rubella) Tab. XXII. H. will
entdeckt haben. f. B. M. IV. B. No. LXXVII.

Argenv. Zoom. Pl. 9. f. 3. *Limaçon à bouche demi-ronde.*
Quoique fa robe foit d'un gris fale, on en voit
dans la Seine de bariolées de gris de lin, de
couleur de rofes & de tigrées. p. 73.

Linn. S. N. §. 632. *Nerita fluviatilis,* tefta rugofâ,
labiis edentulis. p. 777.

— *Faun. §.* 1318. Cochlea, Nerita fluviatilis dicta.
P. 377.

——————

Jedermann kennet diefe Schnecke, die man fehr öfters in
Gärten in dem Sande findet, mit welchem fie aus den
Flüßen fortgefchwemmet werden. Ihre Figur ift fehr
breit und wenig erhaben. Sie hat nur zwo Windungen.
Die eine ift fehr weit, die andere ift fehr klein und ma-
chet das Auge des Schneckengehäufes aus. Ihre Mündung bildet einen halben Zirkel und ift durch einen Deckel
von gleicher Figur verfchloßen. Die Schaale diefer Nerite ift dicke, und wenn man fie im Waßer mit dem lebenden Thier aufnimmt, ift fie von dunkel fchwarzblauer
Farbe, zuweilen auch grünlich. Oben ift die Schaale un-
eben. Wann fie aber eine Weile im Sande herum getrie-
ben worden, wie man fie in den Gärten antrifft; fo hat
fie

sie einen Theil ihrer Farbe perlohren, und es bleibt nur
noch ein artig Netz übrig, welches bald braun, bald roth,
zuweilen grau aussieht, oder sie ist mit andern Schat.
tirungen auf einem weißen Grunde gezieret.

Fünftes Geschlecht.

Die Convexe Schnecke. Napfmuschel.
Patelle.

Ancylus.	Ancile.
Lepus.	Patelle.

Charakter.

Das Thier hat 2 Fühlhörner.

Die Augen sitzen unten an der innern Seite derselben.

Die einfache Schaale ist hohl und glatt.

Die Convexe Schnecke hat mit der Tellerschnecke einen sehr ähnlichen Charakter. Sie ist ebenfalls nur mit zwey Fühlhörnern versehen, und ihre Augen sitzen unten an der innern Seite derselben. Das einzige Merkmal, welches dieses Geschlecht vom Geschlecht der Tellerschnecken und aller übrigen unterscheidet, ist die Form ihrer Schaale. Diese Schaale, die wie ein kleiner, platter und verlängerter Trichter, oder ein kleiner Kahn aussiehet, hat gar keine Gewinde. Sie ist auf einer Seite hohl und oben zugewölbt. Unter dieser Aushöhlung ist das Thier verborgen. Es wird durch seine Schaale beschützt, die es gemei-

gemeiniglich an die Stiele des Schilfes ansezt. Die Spitze, welche oben den Wirbel der Napfmuschel ausmacht, ist ein wenig nach der Seite gebogen, und nimmt eben nicht genau die Mitte der Schaale ein. Im Meer giebt es eine Menge Conchylien von dieser Gestallt. Sie sind unter den Nahmen Patellen, Lepas, Napf= oder Schüßelmuscheln und Klippkleber bekannt. Weil aber ihre Bewohner durch einige Charaktere von dem Bewohner der unsrigen merklichen unterschieden sind; so haben wir geglaubt, daß wir der unsrigen auch einen andern Nahmen geben müßten, und haben sie Ancylus genennt, von dem griechischen Wort Ἀγκύλος, welches Convex bedeutet; weil diese Schaale eine solche Form hat. Hier ist nicht mehr, als eine einzige Gattung von diesem Geschlechte bekannt.

I. Gat=

I. Gattung.

Die Convexe Schnecke.

Schüßelmuschel.   Napfmuschel.
Ancylus.   Ancile.
Lepas.   Patelle.

1½ Linie lang.

Berl. Mag. IV. B. No. LI*. Die kleine Drago=
nermüze. Die Napfmuschel mit übergebogenen
Wirbel.

Ancylus.

Lister. Angl. T. 2. f. 32. Patella fluviatilis fusca,
vertice mucronato, inflexoque. p. 151.

— *Hist. Conch.* T. 141. f. 39. Idem nomen.

Gualt. T. 4. AA.

Kleinii. Calyptra sive Patella fluviatilis &c. Listeri.
§. 292. 3. p. 118.

Argenv. Conch. Pl. 27. f. 1. *Patella à bec* & attachée
à un jonc. Patelle qui a un cabochon. Lepas
très - petit & trésmince, attaché sur un jonc.
c'est le seul Lepas fluviatile vivant, que l'on
connoisse. p. 329.

— *Zoom.* Pl. 8. f. 1. Lépas fluviatile &c. p. 73.

K   *Linn.*

Linn. S. Nat. §. 672. Patella lacuſtris, teſtâ integer-
rimâ, ovali, membranaceâ, vertice mucrona-
to, reflexo, adhaerens plantis aquae dulcis.
p. 783.

— *Fauna.* §. 1292. Patella, teſtâ membranaceâ,
ovali, mucrone reflexo. p. 369.

———

Die convexe Schnecke iſt ſehr klein, wie man aus der
angegebenen Ausmeßung ſehen kann. Ihre Schaale iſt
dünne, durchſichtig und ſehr zerbrechlich. Ihr Wirbel iſt
oben ſpitzig und ein wenig übergebogen. k)   Man findet
dieſes kleine Thier in den Flüßen, an den Stielen der
Binſen veſtſitzend. Und ſo hat ſie auch Herr von Argenville auf der 27ten Platte in der erſten Figur abbilden
laßen. Die 4te Figur der vorgeſtellten Patellen
iſt eigentlich die unſrige.

Zwote

k) Liſter und Gualtieri bilden zwar ihre kleine Patellen alle
mit übergebogenen Wirbel ab: allein Herr von Argenville,
der ſeine erſte Figuren von ihnen entlehnt hat, vermuthet,
daß die ſogenannten Dragonermützen (Patellae vertice
anſato) wohl aus dem Meer in nahe liegende Flüße über-
getreten ſeyn könnten. In unſern Waßern findet man ſie
nie anders, als mit niedergedrückten Wirbel. Patellae
membranacea integrae, ovatae, vertice modice de-
preſſo.

Zwote Klaße.
Zweyschaalichte Conchylien.

Die zweyschaalichten Conchylien sind aus zween ähnlichen
Flügeln (battans) zusammen gesezt, zwischen welchen
das Thier eingeschloßen ist, und die sich vermittelst eines
Gelenkes oder Schloßes 1) öfnen und verschließen kön-
K 2   nen.

1) Das Charnier oder Schloß (Cardo, claustrum, charniere) findet sich an den Muscheln nahe bey dem Wirbel,
dem vordersten Rand gegen über, bald in der Mitte,
bald nahe an der einen Seite. Die unterschiedenen hervorragungen am Schloße, welche in gegenseitige Vertiefungen
eingreifen, werden Zähne, und die Bewegung desselben
wird, wie bey der Articulation der Gelenke an thierischen
Körpern, Ginglymus genennt.

Ueberhaupt hat man an den Muschelschaalen, um sie deutlich
beschreiben zu können

1) ihren vordern scharfen Rand anzumerken, welcher

2) dem Wirbel oder dem erhöhten Theil gegen über steht, wo
die Schaalen sich schließen.

3) Die beyden Seiten (latera) oder den kleinen Raum zwischen dem Schloß und dem gegen überstehenden Rande, und

4) den Bauch, oder den breiten gewölbten Raum zwischen dem
obern Wirbel, dem vordern Rand und den beyden Seiten.

Die

nen. Da sich diese Schaalen nicht weit aufmachen und der darinn vestsitzende Bewohner nicht hervor kriechen kann; so ist es nicht so leicht, den Charakter dieser Thiere zu bestimmen, als bey den einschaalichten Schnecken. Dennoch bemerkt man einige ihrer Theile, die sie aus ihrer Schaale hervorstrecken, wenn man sie im Waßer untersucht.

Die meisten haben eine gewiße Art von hohlen Röhren oder Saugerüßeln, m) die bald kurz, bald länger, bald mit Franzen besezt, bald glatt sind. Diese können sie hervorstrecken, und durch Hülfe derselben das Waßer und mit diesem zugleich unterschiedene zur Nahrung dienliche Theile einsaugen. Das Waßer stoßen sie denn entweder durch eben diesen Canal, oder durch einen andern wieder heraus. Außer diesen Saugerüßeln sieht man zuweilen an der entgegen gesezten Seite einen andern vesten, mehr oder weniger verlängerten und breiten Theil hervorragen,

Die lange Oefnung oder Rize, welche durch die Entfernung beyder scharfen Ränder von einander entsteht, wenn das Thier seinen Arm ausstrecken will, wird von einigen Conchyliologisten der Mund der Muschelschaalen (apertura, rima) genennt.

m) Vom Saugerüßel, Schlurf, Proboscis, lingua, Trompe, Siphon, s. Berl. Mag. IV. B. S. 87.

ragen, der dem Thiere statt des Fußes n) zu dienen scheint und welcher auch von den meisten Naturalisten die= se Benennung erhalten.

K 3 · Dieser

n) Diesen Fuß oder Arm, Plaque, bras, (Berl. Mag. IV.
  B. §. 90.) habe ich bey den Muschelthieren unserer Flüße
  sehr groß, stark, breit und Schneeweiß gefunden. Sie
  strecken, wenn sie ihre Schaalen öfnen, den schmalen und
  langen Theil desselben erst an der breiten Seite der Schaa=
  le heraus, öfnen dann die vordern Ränder der Schaale
  immer weiter und hengen den breiten Theil des Armes
  weit über den ganzen Rand heraus. In einer Schüßel
  voll Sand und Moder habe ich ihre Bewegungen oft und
  lange mit Vergnügen beobachtet und deutlich bemerket,
  daß sie mit diesem breiten Arm, den sie wie eine Schau=
  fel brauchen und unter sich umrollen können, allemal so
  viel Sand unter sich wegräumen, als nötbig ist, um auf
  dem Rand zu stehen und den Wirbel gerade in die Höhe
  zu richten. Wenn sie sich in dieser vortheilhaften Lage be=
  finden, strecken sie den vordern schmalen Theil des Armes
  weit vor sich aus, hacken sich damit vest in den Sand ein,
  verkürzen alsdann diesen Arm und ziehen ihre Schaale in
  der vorhergemachten Furche nach sich. An der entgegen
  gesetzten Seite, wo die Saugerüßel weit offen, aber nicht
  merklich über den Rand der Schaale hervorstehen, sieht
  man im Waßer fast beständige kleine Wirbel und Bläschen
  von dem durch dieselben aussprudelnden Waßer. So oft
  ich eine solche eingegrabne Muschel plötzlich aus dem Sand
  herausnahm, sprützte sie das eingesogne Waßer in einem
  großen Bogen, von der Dicke eines Rabenfederkiels, so
  lange von sich, bis sie sich ganz ausgeleert hatte, und
  ihre Schaalen völlig zusammen zog.

Dieser Fuß ist dem Bewohner nöthig, um sich zu bewegen und seinen Ort zuweilen ein wenig zu verändern. Ich sage ein wenig. Denn überhaupt nehmen diese Thiere niemals große Wanderschaften vor. o) Es giebt so gar einige, welche ihr ganzes Leben hindurch an einem und demselben Felssteine vestsitzen.

Von der Gestallt dieser **Saugerüßel,** wovon wir eben izt geredet, haben wir den Charakter derjenigen Thiere hergenommen, welche die zweyschaalichten Conchylien bewohnen. Die Schaalen selbst haben noch einen zweeten Charakter an die Hand gegeben.

Diese Schaalen sind, wie wir schon erwähnt haben, durch eine Art eines Charniers oder Schloßes verbunden, welches unterschiedene Formen hat. Bald ist es glatt, und bloß durch eine dichte Haut bevestigt, bald ist es mit mehr oder weniger Zähnen versehen, welche von beyden Seiten genau in die entgegengesezte Vertiefungen einpaßen.

Ein

---

o) Außer wenn es ihnen an Nahrung fehlt. In einer weiten Schüßel die ich mit ausgeschlämmten reinen Sand und Waßer angefüllet, habe ich meine Muscheln in einem Nachmittag den ganzen innern Umfang des Gefäßes mit Furchen durchziehen und das Thier auf die anzeigte Art ohne Unterlaß immer weiter fortrücken sehen, weil es im reinen Sand nicht genugsame Nahrung fand.

Ein dritter und der lezte Charakter wird von der Schaale selbst hergenommen.

Die Bewohner dieser Schaalen sind Zwitter. Sie haben beyde Geschlechter in sich vereinigt: es ist aber eine ganz andere Art von Zwittern, als die Schnecken und Spizhörner. p) Man bemerkt bey ihrer Untersuchung weder weibliche noch männliche Geschlechtstheile. Sie bringen ihres gleichen ohne Begattung hervor, und diese Art der Vermehrung des Geschlechts ist bey Thieren noth-wendig, die grösten Theils unbeweglich und fast beständig an einen Ort gebunden sind. Wenn sie durch die Ge-schlechtstheile unterschieden worden, oder einer zweyfa-chen Begattung, wie die Schnecken, benöthigt wären; so würde ihre Vermehrung, ob sie gleich Zwitter sind, dennoch unmöglich gewesen seyn.

Unter diesen Thieren legen einige Eyer, die andern bringen ihre Jungen lebendig hervor, die denn mit ihren kleinen Schaalen zur gehörigen Größe erwachsen. Jene werden Eyerlegende (ovipara) diese, lebendig gebäh-rende Thiere (vivipara) genennt. Wir haben unter der geringen Anzahl zweyschaalichter Conchylien, die um Paris gefunden werden, von beyden Arten der Erzeugung deutliche Beyspiele. Alle diese Conchylien laßen sich in zwey Geschlechter zusammen faßen: die Breitmuscheln

K 4 Cames,

p) s. Berl. Mag. IV. B. S. 96.

(Cames, Chamae) und Keil= oder Malermuscheln, (Musculi) welche wir nun untersuchen wollen, und die, wie alle zwenschaalichte Conchylien, sich bloß im Waßer aufhalten.

Erstes

Erstes Geschlecht.

Breitmuscheln.　　Gienmuscheln.
Chamae.　　　　Cames.

Charakter.

Die Bewohner haben 2 platte verlängerte Saugerüßel.

Ein mit Zähnen versehenes Charnier.

Ihre Schaale ist rund.

I. Gattung.

Die kleine Breitmuschel der Bäche.

Chama fluviatilis.　　　*Came des ruiſſeaux.*

5. 7. bis 8. Linien breit.

Berl. Mag. IV. B. No. CIX*. Die kleine Gienmuschel.

Neue Ges. Erz. I. B. p. 265. Die Gienmuschel.

Denſo Beytr. I. B. p. 239. Die Breitmuschel.

Liſteri Angl. T. 2. f. 31. Muſculus exiguus Piſi magnitudine, rotundus, ſubflavus, ipſis valvarum oris ſubalbidis. p. 150.

— *Angl. App.* T. I. f. 5. Muſculus, piſi magnitudine ſubrotundus. p. 22.

K 5　　　　　　　*Gualt.*

Gualt. Musculus fluviatilis aequilaterus, laevis rotundus, pisiformis, ex rubro flavescens, ipsis
valvarum oris albidis. Tab. 7. C.

Klein. Jsocardia laevis. Bucardia, quae Musculus
eviguus &c. Listeri. Testa laevis, tenuis, pellucida, quasi cornea, figurae subrotundae. Jun-
ctura Gomphosis. §. 364. !III. c. p. 140.

Argenv. Conch. Pl. 27. n. 9. f. 4. Came extrême-
ment petite & toute grise. Elle a été pechée
dans la riviere des Gobelins. p. 331.

— *Zoom.* Pl. 8. f. 10. Petite Came pechée dans la
Marne. p. 76.

Linn. S. Nat. §. 57. Tellina cornea, globosa, glabra,
cornei coloris, fulco transversali. p. 678.

— *Fauna.* §. 1336. Concha, testa subglobosa, glabra, cornei coloris, fulco transversali. p. 381.

Die kleine Breitmuschel ist in Ansehung ihrer Größe sehr
unterschieden, wie man aus denen angegebnen Ausmeßungen sehen kann. q) Sie ist von außen glatt, an Farbe
blaß

q) Herr von Argenville in seiner Conchyl. 27 Tafel No. 9.
hat noch zwo weiße Breitmuscheln von mitlerer Größe,
eine aus der Seine, und die andere, welche mit kleinen
roth und grünen Flecken besetzt ist, aus der Marne, abzeichnen laßen. Die dritte, die er unter dieser Nummer
anführt, ist aus der Loire. Sie ist dicker von Schaale,
als die andern und so groß, als ein Silbergulden. Ihre
Farbe ist äußerlich gelblich schwarz (ex fulvo-nigrescens,
Gall. minime) innwendig Perlenmutterartig.

blaß und etwas hornartig.   Wenn man die Schaalen
mit dem lebendigen Thier in ein Glas voll Waßer bringt,
streft dieses von der einen Seite alsbald einen verlängerten Arm oder Fuß aus der Schaale hervor, und von der
andern zween Saugerüßel mit glatten Rändern, deren
Höhlungen sich in einander vereinigen.   Durch diese
Saugerüßel sieht man sie das Waßer an sich ziehen und
wieder aussprützen.   Mit eben demselben zieht es zugleich
einige Spitzchen von Mooß oder kleinen Waßerpflanzen
nach sich, die ihm zur Nahrung dienen.   Eine andere
Merkwürdigkeit ist, daß man diese Thiere in eben diesem Glas oft ihre Jungen lebendig gebähren sieht.
Das Breitmuschelthier gehört demnach zu den lebendig
gebährenden.

Wenn man die beyden Flügel der Schaale aus einander macht, entdekt man an ihrem Schloß zween kleine
Zähne.   Beyde Schaalen sind gleichförmig erhaben, gewölbt und rund.   Es ist eine der gemeinsten Muscheln
in den Flüßen und Bächen in den Gegenden
um Paris.

❀✦❀✦❀✦❀✦❀✦❀✦❀✦❀✦❀✦❀✦❀

Zweytes Geschlecht
der
Zweyschaalichten Conchylien.

Keilmuscheln.   Malermuscheln.   Teich=
und Flußmuscheln.

Musculus. Mytulus.   Moule.

Charakter.

Der Bewohner hat 2 kurze mit Franzen beseßte
Saugerüßel.

Das Schloß der Schaalen besteht aus starken Häu=
ten ohne Zähne.

Die Schaalen selbst sind länglich.

───────

Man sieht aus den angegebnen Charakteren der Fluß=
oder Keilmuscheln, daß sie von der Breitmuschel in drey
wesentlichen Theilen unterschieden ist.   Nämlich erstlich
in der Gestallt der Saugerüßel, welche hier kurz, und
an ihrem äußern Ende mit Franzen beseßt sind, da sie hin=
gegen bey der Breitmuschel lang und ohne Franzen waren.
Zweytens in der Bauart des Schloßes, welches keine
Zähne, sondern bloß einen langen Fals oder Fuge hat,

in

in welche eine Art eines dünnen Blättchens einpaßet. r) An statt dieser Zähne aber ist das Gelenke durch eine starke Haut bevestigt, welche sich an der äußern Seite der Schaale befindet. Endlich ist die Gestalt oder Form der Schaale selbst länglicht und macht den lezten Charakter aus, wodurch sie sich von der Breitmuschel unterscheidet, deren Schaale kurz und rund ist. Das Keilmuschelthier bedient sich seiner Saugerüßel zu gleichen Absichten, als das

r) Wenn wir alle hervorragungen am Charnier der Muscheln, die ihre entgegen gesetzte Vertiefungen haben, Zähne nennen, ohne auf die Figur derselben besonders zu sehen; wenn wir überdies die starken Hervorragungen der eigentlichen Perlenmuschel oder der schweren Flußmuschel (Mya margaritifera Linn.) betrachten; so kömmt es uns nicht natürlich vor, allen Keilmuscheln die Zähne abzusprechen, ob man es gleich bey der eigentlichen großen Teichmuschel mit Rechte thun muß. Wir haben daher von den zwey-schaalichten Conchylien folgende Eintheilung gemacht: die bey den Schaalen derselben sind

entw. breit, fast völlig rund und stark gewölbt und durch lange schmale Zähne an ihrem Schloße bevestigt. — Breitmuscheln. *Chamae.*

oder sie sind schmäler, länglich und ungleich gewölt. Keilmuscheln. *Musculi.*

entw. an ihrem glatten Charnier auswärts mit häutigen Bändern versehen. — Teichmuscheln. Musculi stagnales.

oder an ihrem Schloße so wohl durch lange als durch starke eingekerbte oder spitzige Zähne und häutige Bänder zugleich verwahret. Flußmuscheln. Perlenmuscheln. Musculi fluviatiles.

das Breitmuschelthier. Es zieht dadurch das Waßer in sich und sprudelt es wieder aus, so bald es seine Nahrung daraus gesogen hat.

Der Bewohner legt Eyer, an statt daß das Breit-muschelthier seine Jungen lebendig hervorbringt. Wir haben um Paris nicht mehr, als folgende zwo Gattungen von Muscheln.

※ ※ ※ ※ ※ ※ ※ ※ ※ ※

I. Gattung.

Die große Teichmuschel.

Musculus latissimus cardine laevi.   *La grande Moule des Etangs.*

6¼ Zoll lang. 3¼ Zoll breit. s)

Berl. Mag. IV. B. No. CX*. Die große grünlich braune Teimmuschel.

Leßer. §. 89. c. p. 456.

Hanows Selt. d. N. I. Th. p. 546. Die große Teichmuschel.

Lifter. Angl. T. 2. f. 29. Musculus latus, teftá admodum tenui, e fufco viridefcens, interdum rufefcens.

— *Angl. App.* T. 1. f. 3. Musculus latus maximus, teftá admodum tenui, ex fufco viridefcens, paluftris. p. 9. Tit. XXIX.

— *Hift. Conchyl.* T. 156. f. 11. Idem nomen.

Geofr. Mytulus teftá tenui, é fufco viridefcente, umbone non prominulo.

Gualt.

s) Unfer Freund, Herr D. Feldmann, befißt eine Dublette von der Teichmuschel, aus einem Karpfenteich bey Neuruppin, die mit dem lebenden Thier 1 Pf. und 16 Loth gewogen. Die Schaalen sind drey einen halben Werkzoll hoch, sieben ein viertel Werkzoll breit. Beyde drey Zoll tief, deutlich gefalten und doch sehr dünne.

Gualt. Muſculus fluviatilis maximus, profunde
ſtriatus, latus, teſtá admodum tenui, ex fuſco
virideſcens, interdum rufeſcens, intus argenteus. Tab. VII. F.

Klein. Muſculus latus, teſtá admodum tenui &c.
§. 336. 1. 2. p. 128. T. IX. f. 26.

Aldrov. Chamae glycimeridi ſimilis, ſed majoris
mytuli ſpecies. p. 472.

An Chama glycimeris margaritifera *Velſchii.* Ephem.
Nat. Cur. Ann. III. obſ. 36.

Argenv. Conch. Pl. 27. f. 10. Moule extrèmement
grande & legere, nacrée en dedans, brune &
luiſſante par deſſus. Elle eſt priſe dans les etangs
& dex canaux de Jardins. On s'en ſert pour
ecrèmer les Terrines de lait. p. 331.

— *Zoomorph.* Pl. 8. f. 12. la Moule d'étangs toujours plus grande que celle de la riviere.

Linn. S. Nat. §. 218. *Mytulus cygneus*; teſtá ovatá,
antice compreſſiuſculá, fragiliſſimá, cardine laterali. p. 706.

———

Dieſe große Muſchel iſt innwendig ſchön Perlenmutter-
farbig, und man bemerkt in derſelben zuweilen einige Er-
höhungen, wie Perlen. Aeußerlich iſt ſie braun, mit
grün vermiſcht, und wenn man ſie gegen das Licht betrachtet, iſt ſie zart und durchſichtig. Die Stelle, wo
das

das Schloß sizt, ist keineswegs erhaben. Sie befindet sich nahe an der einen Seite, fast am dritten Theil des Randes der Schaale. Die Oberfläche dieser Schaale hat viele große Querfurchen, die in der Gegend des Schloßes concentrisch zusammen laufen.

Man findet diese Muschel in Teichen, und sie ist unstreitig die gröste unter allen Muscheln unsers Landes.*)

II. Gattung.

Die braune Flußmuschel.

Musculus fluviatilis angustior.   La Moule des Rivieres.

1½ Zoll lang. 10 Linien breit.

Berl. Mag. IV. B. No. CXIII*. Die dunkel oder zuweilen hellgrüne Flußmuschel.

Swamm. B. d. N. T. X. f. 6. 7. Mytulus latiusculus. p. 82.

{   Leßer.

*) Wir haben in unsern Teichen, Gräben und Seen noch eine Art von leichten Muscheln ohne Zähne am Schloße, welche sich von der großen Teichmuschel bloß durch die mindere Größe und durch die tiefern Eindrücke der Schaalen auf beyden Seiten neben dem Schloße unterscheidet.
Lister. Angl. App. T. 1. f. 2. Musculus tenuis minor, latiusculus. p. 13. Tit XXX.
— *Hist. Conchyl.* T. 153. f. 8. Musculus tenuis, minor, subfuscus, latiusculus, cardine laevi.
                                    Aldrov.

Leßer §. 89. b. p. 456. Die breite Waßermuschel von gelbgrünlicher Farbe.

Mytulus teſtà fuſcà, umbone prominente.

Liſter. Angl. T. 2. f. 30. Muſculus anguſtus ex flavo virideſcens, validus, umbonibus acutis, valvarum cardinibus velut pinnis donatis, ſinuoſis. p. 149.

Liſter.

Aldrov. de Teſt. L. III. p. 472. Chamae glycimeridi ſimilis.

Kleinii. Muſculus latus 2dus. §. 332. 2. p. 128. T. IX. f. 26.

Argenv. Conchyl. Pl. 27. n. 10. f. 1. Moule de la riviere des Gobelins, préſentant un angleaſſez aigu prés de la charniere. Rien n'eſt ſi mince ni ſi leger que cette coquille, dont la couleur eſt d'un verd clair. Elle approche de l'eſpece des Tellines. p. 331.

Linn. S. Nat. §. 219. *Mytulus anaticus,* teſtà ovali, compreſſiusculà, fragiliſſimà, margine membranaceo, natibus decorticatis. Similis Myae Piɛtorum, ſed fragilior & cardine diſtinɛtiſſimus, Anatum cibus. p. 706.

— *Fauna* §. 1332. Concha teſtà oblongà ovatà, longitudinaliter ſubougoſà, poſtice compreſſo - prominulà. p. 380.

ſ. Beil. Mag. IV. B. No. CXI*.

Lister. Angl. App. T. 1. f. 6. Musculus angustior, ex
flavo feu viridi nigricans, cardinis pinnâ feu
denticulo bifido ferrato. p. 17.

— *Hist. Conch.* T. 147. f. 2.

Bon. Muf. Kirch. Claff. II. f. 39. Concha longa, intus margaritarum nitore pellucida, foris autem
fub cortice furvo oleacinoque latet. p. 443.

Rondel. Concha Pictorum. p. 24.

Gualt. Musculus fluviatilis striatus angustior, umbonibus acutis, valvarum cardinibus veluti pinnis donatis finuofis, ex flavo viridescens, intus
argenteus. T. 7. E.

Kleinii. Diconcha fulcata margaritica. Valuae crass-
fae, fub cortice fcabro margariticae, qualis &
interior testa, nifi fit ex argenteo coerulea.
§. 371. n. 1. p. 145.

Argenv. Conch. Pl. 27. n. 10. f. 4. Moule qui est
due à la Seine, de couleur minime & d'une
forme bien longue. p. 331.

— *Zoom.* Pl. 8. f. 11. *Moule de Reviere.* p. 76.

Linn. S. Nat. §. 19. *Mya Pictorum*, teſtâ ovatâ, cardinis dente primario crenulato, laterali longitudinali, alterius duplicato. p. 671. *)

Dieſe Muſchel iſt der vorigen ſehr ähnlich, bis auf die
Größe. Dennoch findet man daran noch viel unterſchei-
bende Merkmale. Erſtlich iſt die Farbe äußerlich braun
und zieht ſich ins grünlich braune, zuweilen ins ſchwarze.
Zweytens iſt die Stelle des Gelenkes viel erhabner und
viel ſpitziger, als an der großen Teichmuſchel. Endlich
bildet der untere Theil des Schloßes, innwendig unter
dieſer

*) Die ganz ſchmale gelbliche, oft grünliche, zuweilen
ſchön geſtralte Malermuſchel hat man als eine Abänderung von No. 11. anzuſehen, welche in den Flüßen unſrer
Gegend, beſonders in der Banco ſehr ſauber gefunden
wird.

Liſter Angl. App. Tab. 1. f. 4. Muſculus ex viridi pallidus,
omnium anguſtiſſimus, cardinis altero denticulo quaſi
continuo, ſerrato. p. 20.

— *Hiſt. Conchyl.* T. 147. f. 3. Muſculus anguſtus ſubflavus
ſive citrinus.

Klein. Diconcha ſulcata anguſta &c. §. 371. n. 6. p. 146.

Linn. Mya Pictorum &c. l. cit. f. Berl. Mag. IV. B. No.
CXIV*.

dieser Erhabenheit, eine beträchtliche Vertiefung, neben welcher auf der Seite sich noch eine kleinere befindet.

In den Flüßen trift man diese Muschel sehr häufig an.

Wir beschließen die Uebersetzung dieses nutzbaren Werkchens mit der Beschreibung der

Perlenmuschel oder der schweren schwarzen Flußmuschel.

Mytulus gravis marga-   Moule péſante, Mere
ritifer.   des Perles.

Berl. Mag. IV. B. No. CXII*.

Liſter. Angl. App. Tab. 1. f. 1. Muſculus niger; omnium craſſiſſima & ponderoſiſſima teſta. Conchae longae ſpecies *Geſner* & *Aldrov.* p. 15. Tit. XXXI.

— *Hiſt. Conchyl.* T. 149. f. 4. Id. nomen.

Kleinii. Diconcha fulcata craſſiſſima &c. §. 371. 5. p. 146. T. X. f. 47.

Linn. S. Nat. §. 20. *Mya margaritifera*, teſtâ ovatâ, antice coarctatâ, cardinis dente primario conico, natibus decorticatis.

— *Faun.* §. 1331. Concha teſtâ oblongâ, medio antice contractâ. Suecis *Pärla musla.* p. 380.

Die Schaalen dieser schweren Flußmuschel sind sehr dicke, länglich oval, am scharfen Rand in der Mitte ein wenig eingezogen, auswendig rauh und schwärzlich, nach dem Schloße zu auf dem Wirbel gemeiniglich von der Bein=haut t) entblößt, und, wenn sie trocken wird, leicht zer=brechlich oder blättrich. Innwendig ist sie glänzend, weiß und Perlenmutterartig. Die ganze Muschel ist oft 5½ Zoll breit und 3 Zoll hoch. Ohne das Thier wiegt sie an 6 Unzen. Man bemerkt an ihrer innern Fläche starke Vertiefungen, worinnen der Leib und die Muskeln des Thieres gelegen.

Die Verbindung beyder Schaalen geschieht vermit=telst eines Charniers. (Per ginglymum articularem) Der in eine gegenüberstehende Vertiefung eingreifende Vorderzahn ist stumpf, kegelförmig, hoch hervorste=hend und fein ausgezakt. Der schmalere Seitenzahn ist lang, stark, in der Mitte ein wenig erhaben und ganz fein ein=

t) Das zarte Häutchen, womit die Schaalen der Schnecken und Muscheln von außen, wie die Knochen mit ihrer Bein=haut überzogen sind, wird von dieser Aehnlichkeit die Beinhaut (Perioste) genennt. f. Berl. Mag. II. B. p. 339. §. 41.

eingekerbt. Bey Verschließung der Schaalen greift er in eine gegenüberstehende tiefe und lange Furche. Oft findet man kleine, zuweilen ganz beträchtliche Perlen in dieser Muschel. Gesner und Aldrovandus haben dieses schon angemerkt. Wenn man die äußere schmutzige Haut ab-nimmt; so besteht die ganze übrige Schaale aus einer fei-nen Perlenmutter.

Auf dem Grunde großer Flüße, besonders in Lapp-land, in den Schlünden des Englischen Flußes Tees, auch in Schweden wird diese Muschel häufig und so oft mit reifen Perlen gefunden, daß man darum an vielen Orten besondere Perlenfischereyen angestellt hat. u) Sie ist auch in unsern Gegenden bey Reinsberg und im See bey Lindow sehr groß und schwer, zuweilen mit einigen Perlen, gefunden worden. Man unterscheidet sie da-durch leicht von andern Muscheln, weil sie schwärzer, die Schaale viel schwerer und das Schloß viel stärker ist, als an allen übrigen Arten der Flußmuscheln. Aus dem groß-

ſ 4 ſen

u) Man kann hierüber im IV. B. des Berl. Mag. den 109. Abschnitt von den Perlen, Perlenmuscheln und Perlenfi-schereyen nachlesen.

sen Vorderzahn dieser Muscheln sollen einige Leute falsche Perlen drehen laßen, die sie wohlfeil, nämlich eine Schnur vor 20 Groschen bis zwey Thaler verkaufen. Einige, doch nur sehr wenige, haben matt- oder olivengrüne Sonnenstralen, die sich vom Schloß nach dem äußern Rand herunter verbreiten.

Ende.

Ver=

Verzeichniß

der in diesem Werkchen erklärten Wörter
und beschriebnen Conchylien.

A.

　　　　　　　Augen.

𝕯.

𝕰.

Eyer

L.

L.

M.

N.

Siphon,

Z.

Nachricht.

Die lockenden Annehmlichkeiten der Naturgeschichte sind für aufmerksame Gemüther von je her so eindringend gewesen, und ihre Reitze sind seit einigen Jahren so mächtig geworden, daß man mit vielem Grund behaupten kann, die schöne Natur bekomme mit jedem Tage neue aufrichtige Verehrer. Unter ihren unschätzbaren Reichthümern werden diejenigen am begierigsten aufgesucht, am meisten geachtet und am sorgfältigsten aufbehalten, welche nebst dem Vergnügen, das sie dem forschenden Geiste gewähren, denen Augen die angenehmste Belustigung versprechen und der Verderbniß am wenigsten unterworfen sind. Einerley Sache reitzt oft nicht allein darum, weil sie schön, sondern am meisten deßwegen, weil sie seltsam, und, wie die meisten Produkte des Weltmeeres, schwer zu erhalten ist.

Ob man gleich dem Stein- und Mineralreich seinen Glantz, seine Schönheit und wesentlichen Nutzen durchgängig einräumen muß; so ist doch nicht zu läugnen, daß die Betrachtung des Thierreiches in allen Absichten viel befriedigender für den Verstand und ergetzender für die Sinnen sey. Es fehlt in keinem Theil der Naturgeschichte an nöthigen Hilfsmitteln, die herrlichen Meisterstücke der Schöpfung kennen zu lernen und in ihnen eine unumschränkte Macht und ewige Weisheit zu verehren. Allein, nur einzelne Klaßen dieser göttlichen Wunderwerke, nur einzelne Gelenke der unermeßlichen Kette an einander angränzender Geschlechter sind von der Art, daß man zu ihrer Sammlung den nöthigen Raum und Aufwand bestimmen kann. So wohl die unterrichtenden Sammlungen der vierfüßigen Land Thiere und Amphibien, womit uns Buffon, Daubenton, Meier, das prächtige Muſäum des Seba u. s. w. durch die natürlichsten Abbildungen und Nachrichten bekannt gemacht, als die glanzvollen Sammlungen der Vögel, für deren Beschreibungen und natürliche Vorstellungen wir einem Frisch, Briſſon u. s. w. verbindlich worden, erfordern, wie die Sammlungen rarer Fische, durchgängig einen Königlichen Aufwand und mehr Raum, als Privatleute denselben widmen dürfen. Die Inſekten, in deren Beschreibung und Abbildung wir den Fleiß eines Reaumür, einer Merianin, Röſels und Schäffers am meisten bewundern, finden schon eine größere Menge fleißiger Sammler; ob gleich die reichsten Besitzer öfters den durch kleinere Inſekten verursachten Ruin der schönsten Sammlungen unwillig beklagen müßen.

Die

Die angenehmſte Mannigfalt der Formen und Figuren, die wunderſamſte Miſchung der ſchönſten Farben und die dauerhafteſten Ergetzungen der Augen haben uns die ſchaalichten Gehäuße derjenigen Würmer anzubiethen, die den Liebhabern unter dem Nahmen der Schnecken und Muſcheln bekannt ſind. Keine Klaße von Geſchöpfen hat ſich eines ſo allgemeinen Wohlgefallens zu rühmen, noch keine iſt mit lebhafterer Begierde geſammlet worden, als die in Anſehung ihrer äußern Schönheit und innern Bauart durchgängig ſo ſehr beliebte und bewunderte Conchylien. Man hat ihnen von den älteſten Zeiten her viel Aufmerkſamkeit gewidmet, und die Liebhaber dieſer natürlichen Seltenheiten können nicht über den Mangel an ſolchen Schriften klagen, welche ihnen die Kenntnis der Conchylien erleichtern helfen. Wir übergehen hier mit Fleiß die alten Conchyliologiſten, deren wir von Ariſtotelis Zeiten her, aus dem XV. u. XVIten Jahrhundert, ſchon eine beträchtliche Anzahl zu nennen wüßten, und gedenken nur des Liſters, Bonani, Rumphs, Kleins, Jana Planci, Gualtieri, von Argenville, Leßers, Geve, Adanſon, Knorr, Regenfuß, Seba u. ſ. w. als der vorzüglichſten Werke dieſer Art. So bald wir aber erwägen, wie ſchwer es manchen Liebhabern fallen möchte, das ſeltne und königliche Werk des Liſter, welches außer den ſchönen Abbildungen doch nur ſo wenig Nachrichten von Conchylien giebt, oder die prächtigen Werke des Gualtieri und Seba anzuſchaffen, weil ſie alle ſehr ſchwer und für unmäßige Preiſe zu erhalten ſind, ſo bald wir ferner überlegen, daß der berühmte Rumph nur die Amboiniſchen, Adanſon nur die Senegalliſchen Conchylien beſchrieben, daß Bonani oft ſehr undeutliche Beſchreibungen in ſchlechter Ordnung gegeben, und Klein n ſeinem ſonſt vortreflichen Werke den Beſitz aller der prächtigſten Conchylien Schriftſteller vorausſetzet; daß Janus Plankus nur einzelne Conchylien der Riminiſchen Ufer beſchreibt, und daß von den drey illuminirten Werken das Geviſche, nach Abbildung der Schifkutteln, Poſthörner, Mondſchnecken, Kräußel, und Neriten, gänzlich ins Stecken gerathen, das unvergleichliche Regenfußiſche ſeit 1758. nicht weiter fortgeſezt, und den Liebhabern durchgängig zu koſtbar gemacht worden; das Knorriſche aber wie das vorhergehende, nach einer willkührlichen Wahl der abzubildenden Stücke eingerichtet und nicht mit zureichenden Beſchreibungen verſehen iſt; — ſo ſcheint den Kennern und Liebhabern der Conchylien noch immer der Wunſch übrig zu bleiben, in einem gut geordneten illuminirten Werke das vorzüglichſte von dem zuſammen zufinden, was in den angezeigten koſtbaren Werken zerſtreut enthalten iſt, und die neuern Nachforſchungen noch vorzügliches entdekt haben.

(*) Durch

Durch diese Betrachtungen gereizt, hat es der Buchhänd-
ler Raspe in Nürnberg über sich genommen, denen Freunden
und Kennern der Conchylien in einzelnen Ablieferungen ein

Neues mit lebendigen Farben ausgemahltes Syste-
matisches Conchylien-Cabinet auf gut Schreibpappier
in gr. 4to.
nach folgendem Plane zu übergeben.

1. Man wird alle vorkommende Conchylien in einer gewis-
sen Ordnung vorstellen, und, weil noch kein unverbeßerliches
Eystem möglich ist, wenigstens allen Fleiß anwenden, die in
Ansehung ihrer äußern Gestalt mit einander verwandten Geschlechter und Gattungen am nechsten zusammen zu bringen,
und immer von den einfachesten zu den schwerern Geschlechtern
überzugehen. Obgleich das Argenvillische Eystem noch immer
vor vielen andern leicht und bequem gefunden worden, so ist
man doch nicht gesonnen, ihm weiter zu folgen, als es die na-
türlichste Aehnlichkeit der Geschlechter erfordert.

2. Von allen Geschlechtern der Conchylien soll keine Schnecke oder Muschel abgebildet werden, die wir nicht entweder nach
der Natur selbst oder nach wohlgeratheuen Kopien anderer illu-
minirter Werke richtig ausmalen können. Bey jeder Abbildung
werden die Liebhaber das Cabinet, worinnen das Urbild anzutreffen, oder die Stelle angezeigt finden, woraus in Ermangelung eines guten Originals, die Copie genommen worden.

3. Zu desto mehrerer Befriedigung der Conchylien Freunde
wird nie eine Platte ohne hinlänglicher Beschreibung der vorge-
stellten Stücke und nöthiger Nachricht von den Geschlecht, wor-
zu sie gehören, ausgegeben werden. Bey jedem Stück sollen
außer dem Deutschen, auch die Lateinischen und Französischen
Beschreibungen der vorzüglichsten Schriftsteller, nebst denen
Deutschen, Lateinischen, Holländischen und Französischen an-
genommenen Rahmen (Noms de guerre) allenthalben angezeigt werden.

4. Damit bey der Belustigung der Augen der Verstand
nicht müßig bleiben möge, wird man aus der *Zoomorphose* des
Herrn von Argenville und aus dem schätzbaren Werke des Herrn
Adanson das merkwürdigste der Bewohner durchgängig anzu-
führen bemüht seyn. Die Ausmalung der Bewohner mit natürlichen Farben kann man nicht durchgängig erwarten, weil wir
nicht gesonnen sind, die Beförderer unsers Conchylienwerkes
mit malerischen Einbildungen zu täuschen.

5. Da

5. Da die Platten und Beschreibungen alle nach einer vest= gesetzten Ordnung der Geschlechter ausgefertigt werden sollen; so wird man Sorge tragen, während der Ausarbeitung unsers systematischen Conchylien Cabinets alle neue Entdeckungen zu nutzen. Was wir bey Besichtigung mehrerer Cabinette neues von einem bereits ausgefertigten Geschlecht erblicken, soll nach Vollendung des ganzen Werkes, nach eben der Ordnung, in ein= zelnen Supplementen nachgeholt werden. Bey dieser Einrich= tung allein sind wir im Stande, lauter getreue Kopien von gu= ten Originalen zu liefern, ohne der Vollständigkeit des Wer= kes etwas zu entziehen.

6. Von Erd= und Flußconchylien werden wir in dem er= sten Werke wißentlich kein einzig Stück abzeichnen laßen, weil wir künftig so wohl von inn= als ausländischen Conchylien die= ser Art einen besondern Band mit illuminirten Kupfern zu lie= fern und mit demselben unsre Conchyliologie zu schließen ge= denken.

7. Mit dem Jenner des 1768ten Jahres verspricht der Verleger die zwo ersten Platten nebst ihren Beschreibungen zu liefern, und da die Materialien so wohl zu den Platten als Be= schreibungen schon unterschiedene Jahre hindurch eifrigst gesamm= let worden, kann man den Conchylien Freunden desto zuverläs= siger die Versicherung geben, daß man sodann alle Monate mit Ablieferung zwoer deutlich beschriebner Platten ordentlich wird fortfahren, und nach Endigung der ersten Klaße einscha= lichter Conchilien, denen Liebhabern einen besondern Band liefern können, der die nötbigsten und wichtigsten Abhandlungen aus der Conchyliologie enthält, z. B. die Entwickelung des gewählten Systems, die Kenntniß der Conchyliologisten, Nachrichten von berühmten Cabinetten, die Kunst, Conchylien zu reinigen 2c.

In so fern wir nichts unterlaßen werden, was zur Nutz= barkeit, Vollständigkeit und Empfehlung unsers neuen Conchy= lien Werkes dienen kann, faßen wir in voraus die schmeichelnde Hofnung, daß die Kenner und Freunde der Conchylien durch günstige Aufnahme desselben uns in unsern Bemühungen immer mehr aufmuntern und dem Verleger den beträchtlichen Aufwand, den er zu Ihrem Vergnügen übernimmt, zu erleichtern belieben werden.

Nürnberg den 28. Sept.
1 7 6 7.

Claſſ. I. Univalvia. Einſchaalichte.

Ord. I.

A. *Patella. Ancylus.* Näpf oder Schüßelmuſchel. Geoffr. p.
108. Berl. Mag. IV B. No. LI. *

Ordo II.

B. Planorbes. Cornua Ammonis ſpuria. Tellerſchnecken,
Poſthörnchen.

Geoffr. p. 49. XIII. 50. XIV.	B. M. II. XIV. p. 613. T. IV. 46.
—— p. 78. I. 80. II.	—— IV. LXI* it. No. LXIV.*
—— p. 81. III. 82. IV.	—— -- LXV.* it. No. LXXII.*
—— p. 84. V. 85. VI.	—— -- LXIII.* it. No. LXVII.*
—— p. 86. VII. 87. VIII.	—— -- LXXI. it. No. LXXII.
—— ——— ———	—— II. XV. p. 614. u. XVI. 615.
—— ——— ———	—— IV. No. LX. *

C. Cochleae depreſſae umbilicatae. Plattgewundne Nabel-
ſchnecken.

Geoffr. p. 40. V. 42. VI.	B. M. ——— ———
—— p. 44. IX.	—— II. No. XI. p. 609. T. III. 36.
—— p. 48. XII.	—— ——— ———
—— ———	—— IV. LVIII it. LXIX* LXX *

D. Cochleae depreſſae integrae, ore non dentato. Plattgewundne Schnecken mit glatter Mündung.

Geoffr. —— ——	B. M. II. p. 611. XIII.
	—— -- p. 617. XVII. XVIII.

E. Cochleae depreſſae integrae, ore irregulari, dentato.
Plattgewundne Schnecken mit irregulärer, gezahnter Mündung.
Gezähnelte Mundſtücke.

Geoffr. —— —— Berl. M. II. p. 620. &c. No. XIX — XXIV.

Tab. III. f. 41. IV. f. 42. a. b.

F. Cochleae lunares integrae. Ungenabelte Mondſchnecken.

Geoffr. p. 33. I. 36. II.	B. M. II. p. 530. T. I. f. 1. it. p. 532 II.
—— p. 37. III.	—— -- p. 536 — 546.
—— p. 39. IV. 43. VIII.	—— Tab. IV. f. 39. 44. T. III. f. 22 -- 33.
—— p. 95. I. 97. II.	—— II. p. 538. A. a. ———
	—— II. p. 604. VII. T. I. 4. 6.
	—— IV. B. No. LII. *

Geoff.

Geoffr. p. 100. III.	B. M. IV. No. LVI. *
—— p. 102. IV.	—— -- — LIX.
—— ——	—— II. p. 533. III. Tab. II. 17.
—— ——	—— -- p. 534. IV. T. II. 16. III. 23.
—— ——	—— -- p. 605. VIII. T. I. f. 5.
—— ——	—— IV. N. LIII — LV.

G. Cochleae lunares umbilicatae. Genabelte Mondſchnecken.

| Geoffr. p. 42. VII. 47. XI. | B. M. II. p. 604. VI. it. p. 606. X. T. III. 34. |
| —— —— | —— —— II. p. 607. IX. T. III. 35. |

H. Cochleae Semilunares. Valvatae. Neritae. Halbe
Mondſchnecken, Neriten, Fiſchmäuler,
Schwimmſchnecken.

| Geoffr. p. 104. V. | B. M. IV. No. LXXIII. * |
| —— —— | —— — No. LXXIV - LXXVII. |

I. Buccina. Spitzhörner, Trompetenſchnecken.

Geoffr. p. 68. I. 71. II.	B. M. IV. LXXIX. * LXXXII. *
—— ——	—— — LXXX. * LXXXI. *
—— ——	—— — LXXVIII. LXXXIII.

K. Globoſae, Bullae. Dolia. à ſiniſtrâ dextrorſum tortilia,
dentata. Rechtsgewundne Tonnen oder Bauchſchnecken
mit Zähnen.

| Geoffr. —— -- — | B. M. III. p. 149. XLIII. T. VI. 67. |

L. Dolia non dentata, à ſiniſtrâ dextrorſum tortilia.
Rechtsgewundne Tonnen ohne Zähne.

Geoffr. p. 58. b. XXII.	B. M. IV. No. CVII. *
—— p. 72. III.	—— IV. No. CVI. *
—— —— ——	—— III. p. 152. XLIX. T. VI. 68.

M. Dolia ſiniſtrorſum tortilia, edentula. Linksgedrehte
Bauchſchnecken.

| Geoffr. p. 90. X. | B. M. IV. No. CVIII. * |

N·

Claff. I. Einſchaalichte Conchylien.

N. Strombi ſ. Turbines dextrorſum tortiles, dentati.
Rechtsgedrehte Schraubenſchnecken mit Zähnen.
Geoffr. p. 53. XVI. 55. XVIII. B. M. —— ——
—— —— —— —— III. p. 139. XXXVI.
 T. V. 61.

O. Strombi ſ. Turbines, non dentati. Rechtsgewundne
Schraubenſchnecken, ohne Zähne.
Geoffr. p. 52. XV. 54. XVII. B. M. III. p. 133. it. p. 137.
XXXIV * T. V. 59. a. b.
—— p. 56. XIX. 57. XX. —— III. p. 133. it. p. 141.
XXXVIII.* T. V. 63.
——, p. 58. XXI. 88. IX. —— -- p. 133. IV. No. XC.
—— —— —— —— -- p. 125. XXVIII. T. V.
52.
—— —— —— —— -- p. 128. XXIX. T. V.
53.
—— —— —— —— -- p. 130. XXX. T. V.
54.
—— —— —— —— -- p. 136. XXXIII. T. V.
58.
—— —— —— —— -- p. 140. XXXVII.
T. V. 62.
—— —— —— —— -- p. 143. XXXIX.
T. V. 62.
—— —— —— —— -- p. 145. XL. T. V.
f. 65.

P. Turbines perverſi ſ. ſiniſtrorſum tortiles, edentuli.
Linksgedrehte Schraubenſchnecken ohne Zähne.
Geoffr. p. 61. XXIII. B. M. III. p. 133. XXXII. T. V. 56.
—— —— -- p. 138. XXXV. —— 60.

Q. Turbines perverſi, dentati. Linksgedrehte
Schraubenſchnecken, mit Zähnen.
Geoffr. p. 63. XXIV. B. M. —— —— ——

II

II Klaße.

Zwenſchaalichte Conchylien. Bivalvia.

R. Breitmuſchel, Gienmuſchel. Chama. Muſculus
ſubrotundus, cardine dentato.

    Geoffr. p. 118. I.   B. M. IV. No. CXI. *

S. Muſculus latus oblongus cardine laevi. Dünne Muſcheln mit glatten Schloß. Teichmuſcheln.

    Geoffr. p. 124. I.   B. M. IV. No. CX. *

    —— p. 126. .   —— — No. CXI. *

T. Muſculus anguſtus, oblongus, cardine dentato. Schmale Muſcheln mit ſcharf gezahnten Schloße. Flußmuſcheln. Perlenmuſcheln.

    Geoffr. p. 126. II.   B. M. IV. No. CXIII. *

    —— p. 129. *   —— — No. CXIV. *

    —— p. 130.   —— — No. CXII. *

III Klaße.

U. Nackende Erd- oder Schildſchnecken. Animalia nuda. Limaces.

Geoffr. — —   B. M. III. p. 336. XLV. * Tab. VI. 69.

— — —   —— — p. 339. XLVI. —— 71.

— — —   —— — p. 341. XLVII. * —— 72.

— — —   —— — p. 344. XLVIII. —— 73. b.

— — —   —— — p. ead. XLIX.

— — —   —— — p. 345. L. *   —— 74.

I. Klaße.